國際儒學聯合會　叶嘉莹　主编　　陈斐　执行主编

◆　**域外诗谭　海外汉学家中国古代诗人研究译丛**　◆

李白的诗歌与生平

[英]阿瑟·韦利　著

曹祎黎　译

华文出版社
SINO-CULTURE PRESS

图书在版编目（CIP）数据

李白的诗歌与生平 /（英）阿瑟·韦利（Arthur Waley）主编；曹祎黎译. -- 北京：华文出版社，2024.11. -- （域外诗谭：海外汉学家中国古代诗人研究译丛 / 叶嘉莹主编）. -- ISBN 978-7-5075-6091-6

Ⅰ．K825.6；I207.227.42

中国国家版本馆CIP数据核字第20240FW585号

李白的诗歌与生平
LIBAI DE SHIGE YU SHENGPING

著　　　者	[英] 阿瑟·韦利
译　　　者	曹祎黎
责任编辑	吴文娟
出版发行	华文出版社
地　　　址	北京市西城区广安门外大街 305 号 8 区 2 号楼
电　　　话	总编室 010-58336239　发行部 010-58336267
	责任编辑 010-58336225
邮政编码	100055
网　　　址	http://www.hwcbs.cn
经　　　销	新华书店
印　　　刷	北京新华印刷有限公司
开　　　本	880mm×1230mm　1/32
印　　　张	4.25
字　　　数	120 千字
版　　　次	2024 年 11 月第 1 版
印　　　次	2024 年 11 月第 1 次印刷
标准书号	ISBN 978-7-5075-6091-6
定　　　价	55.00 元

版权所有，侵权必究

总　序

文化自信体现在一个国家、一个民族对自身所拥有的文化基因的充分肯定和积极推广，是对自身文化生命力和影响力的坚定信心。中华优秀传统文化是文化自信的重要来源。

任何一个文化大国的崛起，既要有对本民族传统文化的自觉自信，还要有博大的胸怀，去包容、理解、关注并善于学习其他民族的优秀文化，会通以求超胜。这是当今时代赋予我们的机会和使命。

中华传统诗歌，在域外古今通行的名称曰"汉诗"。域外研究和创作汉诗，始于汉诗东渐，迄今约已两千年之久。汉诗文化输出后，或多或少融入域外本土文化，在亚洲文化圈及诸多国家形成了独特的中国文化情结。这一特殊的文化现象，在世界文化交流史上有着重要的研究价值。钟情汉诗乃世界各国汉学家与汉诗诗人的共同爱好。这一爱好从历史上看，同中国与其他友好国家的文化情谊一样久远，可谓"异域知音代有人"。

我们编辑出版的这套"域外诗谭译丛"系列，是由国际儒联支持，叶嘉莹先生主编、陈斐执行主编，华文出版社组织高校古代文学与中外比较文学领域文化名家、学者共同编译的反映异域"知音"所思所想的读物。该系列精选10种来自日本、美国、英国、加拿大的著名汉学家撰写的中国古代诗人传记性研究论著，由海内外有影响力的知名译者进行翻译。本套译丛旨在传播海外著名汉学家的研究成果与思想精华，推动海内外诗词文化研究的交流互鉴。

中华民族很早就洞察到了"和实生物，同则不继"的道理，以开放、包容的心态积极借鉴、吸纳外来文明成果，这是中华文明绵延不绝、永葆生机的奥秘所在。仅就诗歌而言，隋唐之际，伴随着丝绸之路上的声声驼铃而来的西域诸民族音乐，在中原流行开来，促成了"燕乐"的繁荣，催生了"词"这一崭新的文体。五四新文化运动的宁馨儿"新诗"，更是在对外国诗白话译作的揣摩、效仿中成长起来的。今天，中小学课本选录了不少外国文学作品，域外诗人佳作已经像李白《静夜思》那样，深深融入并塑造了中国人的思想内核与情感结构：雪莱"冬天来了，春天还会远吗"的希冀，不知温暖了多少身处逆境的中华儿女；普希金"但愿上帝保佑你，另一个人也会像我爱你一样"的忧伤，不知引起了多少炎黄子孙的共鸣。

同样，中华文明的优秀成果，特别是诗歌名篇，很早就走出国门，为世界各国人民所欣赏。20世纪英美诗歌的重要流派——意象派，就深受中华诗词影响。唐代诗僧寒山，也被很多美国文艺青年奉为精神偶像。近代以来，为了满足本国读者了解中华伟大诗人的需求，海外汉学家撰写了不少传记性著作，本译丛所选即是其中的精品。虽然由于语言、文化及时空的隔阂，它们难免存在误读、疏漏、过滤或偏见，但基本呈现了诗人的生平经历、诗歌成就及人格魅力。而且，也正因为汉学家具有天然的"异域之眼"——文化背景、学术传统、批评语境、问题意识、社会期待等都与中国学者有异，所以他们更容易提出令我们耳目一新的观点，这不仅实现了中华伟大文学经典"意义的增殖"，也推动了中华文化走向世界、融入世界的潮流。现在，我们把这些"陌生的熟人"择优翻译回来，一方面期望"他者镜像"能够促使我们更好地认识"自身面目"，另一方面也期望为"自身"发展，特别是传统文化现代化、当代文艺研究与创作，提供有益的启示。

目前，人工智能技术使信息获取、交流变得空前便捷，但也有可能使人困于"茧房"而不自觉。算法究竟是升起一道道的"硅幕"，还是架起一座座的桥梁，全看人类的选择。真实的"丛林"，不只是弱肉强食，更有共生互助，否则无法存在。人工智能高速迭代的风险，警告人类比任何时代都要沟通包容、团结互助，但世界依旧冲突频发、干戈不息。

"山川异域，风月同天"，诗和远方是人类超越时空、跨越国度的共同向往，希望这套展现了中华文明永恒魅力、凝聚了多国人民"知音"之谊的译丛，能够促进人类的交流与合作，为世界带来更多的和平与幸福！

目　录

第一章　青年李白的生活与创作　　001
　　李白的出生与《明堂赋》　　001
　　侠气的养成及其青春漫游　　004
　　婚姻、求职及其与孟浩然、元演的交往　　008

第二章　谪仙的诞生　　017
　　借修仙而入朝廷　　017
　　失意的"谪仙"　　019
　　漫游燕赵　　025
　　齐州受箓　　028

第三章　《河岳英灵集》所录李白诸诗　　036

第四章　全面的知识与模糊的经历　　051
　　李白与佛教　　051
　　李白与炼丹术　　054
　　李白与魏颢、晁衡、任华等人的交往　　057

第五章 "安史之乱"中的李白　069
　　"安史之乱"的爆发与两京陷落　069
　　避难庐山与永王之乱　072
　　再求仕进的努力　081
　　遇赦放还　085
第六章　永远的诗仙　096
附加说明　104
参考书目　121
译后记　122

第一章　青年李白的生活与创作

李白的出生与《明堂赋》

李白的出生地在哪里是一个被多次讨论的问题。可以肯定的是，他大约从五岁开始就生长在四川省府成都100英里以外的昌明①。他很快就对诗歌产生了兴趣，自称："余小时，大人令诵《子虚赋》，私心慕之。"②《子虚赋》里那些只会出现在《爱丽丝梦游仙境》中的名物，以及对猎杀白虎、黑豹和其他神奇动物的生动描述，一定会让任何一个孩子看得心花怒放。李白告诉我们，他在14岁时就开始独立创作他父亲曾经教授过的赋体，事实上，他现存最早的作品确实是一篇作于15岁时的赋。要解释这篇赋的创作原委就得离开目前所论述的主题，但这是很值得的，因为它能让我们深入了解李白所处的那个时代的生活。

我们讨论的这篇作品，题目叫《明堂赋》。明堂是一座神奇的建筑，象征并且传递着宇宙的力量。古代君主们往往认为自己必须拥有一座明堂，儒家经典中也有许多关于如何建造一座明堂（即"充满光明的大厅"）的指示，但不同文献的记载之间存在着难以调和的差异。唐朝之前的隋代并没有试图修建一座明堂。然而在630年，李唐王朝掌管天下之后不久，统治者就决定修建一座明堂。不过这项提议搁置了半个多世纪。真正的困难不在于各个文本描述明堂时的细节差异，而在于它们一致认为这是一幢普通的茅草屋，高度仅够一人站立，然而朝廷真正想要的是一座象征着君临万方的至高权势的丰碑。最终，在687年，武氏太后废黜了自己的儿子并成为全中国的统治者之后③，所有遵循古例的伪装都被抛弃，一座300多英尺高的巨大建筑在东都洛阳拔地而起。这座明堂分为三层。明堂的最底层是被涂成四种颜色的四边形，分别是绿色、红色、白色和黑色，象征着四季。中间一层是十二边形，象征着十二时辰，其上是一个由九条龙支撑的巨大盘状圆形屋顶。最高一层是二十四边形，象征着二十四节气。明堂的门廊上有十根巨大的木柱，上面用铁链装饰着。

这项工作是在一个名叫薛怀义的奇人的监督下进行的。他起初只是一名小商贩，之后相继成为宫廷宠臣、僧侣、建筑大师、作伪者④，以及行军大总管⑤。他是在洛阳的集市上被一位公主的侍女发现的⑥。他聪明、英俊、强壮，很受姑娘的喜爱。通过这名侍女，他成了公主的情夫，并最终成为武后本人的男宠。武后是一位虔诚的佛教徒，还曾做过一段时间的尼姑；为了方便薛怀义偷偷进出宫闱，她便让他做了和尚。薛怀义对建筑很感兴趣，并负责重建白马寺（据说它是中国最早的寺庙）和几项类似的工程。明堂建成后不久，他又在明堂北面建造了一座摩天大楼一样的佛龛，名为"天堂"，放置其中的佛像"其小指中犹容数十人"⑦。

689年，北突厥的新可汗入侵唐朝北部，被武后视为全能天才的薛怀义被派去指挥对抗突厥的军队。他不仅击败了突厥的军队，并且不失时机地树立了一座用以记录胜利的纪念碑⑧。690

年，武后想革李唐王朝之命而建立一个新的王朝，薛怀义等人便伪造了一部佛经，假借佛祖之口预言唐朝将被武周取代。这种伪造的经书大量流传，为武周代唐铺平了舆论道路。693 年，薛怀义再次出征，但并没有找到突厥人[9]。两年之后，天堂发生火灾并蔓延到明堂，明堂最终被烧毁。696 年，明堂被依原样重建[10]。与此同时，年过七旬的女皇对其御医沈南璆产生了强烈的兴趣，决定除掉她的旧宠薛怀义。大约在 697 年，她的女儿太平公主安排自己的乳母带人逮捕并缢杀了薛怀义[11]。

705 年，81 岁的女皇宣布退位，不久便去世了。此后，李唐王朝复辟。712 年，唐玄宗登基，李白的一生几乎都在他的统治下度过。717 年春天，玄宗来到洛阳，在明堂献祭。大概就在前一年，皇帝的这一意图便已为人所知，于是李白写了《明堂赋》。正如我们所知晓的那样，李白当时只有 15 岁，因此看起来很可能是在长辈们的建议下进行了这样的创作，他们希望把这篇赋送到洛阳，以使人们注意到李白崭露头角的才华。当然，李白此时从未见过这座建筑，他的赋实际上与这座矗立在城市中的巨大建筑关联甚少。他只是借鉴了相关经典作品中的一些段落，这些段落都论述了一个想象中的唐代明堂及其所谓的象征意义和神圣意义。他的赋作想必反响平平。因为在每个人的心中，这座建筑都与建造它的女皇紧密地联系在一起；反对玄宗在明堂举行祭祀的呼声很高，祭祀最终不得不在其他地方举行。当时的人们议论纷纷，说 695 年的那场大火证明了这座建筑的富丽壮伟令上天不快，这场大火显然是天神为了发出警告而降下的。于是明堂在被重新建设、重新命名并重新投入使用之后，便只具有世俗宫殿的功能了[12]。多年以后,李白写道:"十五观奇书,作赋凌相如。"[13]他在写作《明堂赋》时当然不需要请教什么"奇书",当时许多文学类书中就有方便他收集的关于明堂的素材。他这篇不成熟的赋作缺乏生机和活力,这在他早期的模仿之作和他自己后期的创作中都是非常明显的特质。

侠气的养成及其青春漫游

再一次谈到他生命中的这段时期时,李白自称:"十五好剑术,遍干诸侯。"[14]然而,第一个有关此类事情的记录直到五年后才出现。720年,自716年出任宰相的苏颋被罢免,在他赴任益州大都督府长史的途中,经过了李白的家乡昌明。李白(现年19岁)闻讯寄递了名帖,为自己争取到一次面谈的机会。在阅看了这位年轻人的一些作品后,苏颋对同僚们说:"此子天才英丽,下笔不休,虽风力未成,且见专车之骨。若广之以学,可以相如比肩也。"[15]在谈到他与苏颋的会面时,李白说:"四海明识,具知此谈。"[16]这个故事的情节确实有些耳熟能详,它常以不同形式出现在讲述年轻天才与前辈名人首次会晤的故事中。

似乎就是在这个时候,他的生活发生了一个全新的转变。他结识了一位名叫东严子的隐士,于是离开家人和新朋友一起住在其家西北方的山里。[17]大约十二年后,他在一封书信中说:"白巢居数年,不迹城市。养奇禽千计。呼皆就掌取食,了无惊猜。汉太守闻而异之,诣庐亲睹,因举二以有道,并不起。"[18]

当时,除了选拔满足定额的生员,地方长官还可以派出不限数量的"非常之才"前往都城参加考试[19]。正如道家经典《列子》中海翁失鸥的故事所表明的那样,鸟类对动机不纯的人非常敏感,只会与完全诚实而无私的人交朋友。[20]这种选官制度对于我们来说确实有些异乎寻常,但这并不比我们自己在家庭聚会上进行的"个性测试"更奇怪。李白作为一位"侠"或"侠客"的浪漫事迹大约也发生在此时。侠的存在在中国是一个非常古老的风俗。他们自愿承担起为那些不愿或无力获得法律庇护之人解决纠纷的责任,尤其愿意履行为妇孺报仇雪恨的神圣职责。严格来说,仇杀是犯法的;但侠的所作所为被儒家经典奉为一种责任,比依法办事更加光荣。李白的朋友魏颢告诉我们,在李白年轻的时候,他曾以侠自任,"手刃数人"[21]。

他的第二首可考的诗作也具有一些"游侠"的特征,在这首诗中,他讲述了王皇后的悲惨遭遇。王皇后在 724 年因无子的罪状和一个企图取她而代之的阴谋而被废为庶人(编者注:王皇后被废在永徽六年即 655 年,此处为韦利误记)。[22]在她失势的七天之前,发生了一次月食,李白假借描写月食表达了他对王皇后所处境遇的愤慨[23]。他的诗只有 14 行,却充满了双关,简直难以翻译。中国人认为月食是由住在月亮上的蟾蜍咬掉了一部分月亮而形成的。而皇帝和皇后则天然地被认为代表着太阳和月亮。于是在李白的诗中,月亮便指代皇后,而蟾蜍则是心怀鬼胎的宠妾。中国人相信,月亮上长着一棵桂树,但李白却说"桂蠹花不实",论者解释该句意为:"如果皇帝整天和别的女人在一起,那么怎么能指望皇后有孩子呢?"这种解释略显牵强,但无论如何,这句关于桂树不实的诗显然是在影射王皇后无子。

接下来,他在长江以南的洞庭湖地区,如九江以及洛阳、南京、扬州和中国东部的其他大城市展开了一段时间的漫游。终其一生,他再也不曾回川西老家,他在这一地区所写的诗歌(比如那些有关成都和峨眉山的作品)全部产生于725年之前。这些诗歌灵巧、温和而庸常,在摸索出自己独树一帜的风格之前,看不出他的诗作将会有什么辉煌成就的迹象。在扬州这一中国当时最大的港口和奢侈品贸易中心,他"不逾一年,散金三十余万,有落魄公子,悉皆济之。此则是白之轻财好施也"。[24]不论一个人有多么轻财好施,在仗义疏财之前,他总要想方设法地拥有钱财。虽然这笔钱确实不算多,但我们之中也很少有人能够夸耀自己曾经补贴过王孙公子的生活。那么李白靠什么生存呢?他的父亲很有可能是身无分文地从中亚回到中国,应该无力支付他的生活费。我们只能猜测是李氏家族的其他成员资助了他。终其一生,他都与父族的亲戚们保持着密切联系,并曾为大约20位表亲或其他父系亲属创作过诗歌。这些亲属中只有一位叫李中孚的是名僧人[25];其余的几乎都是官员,有些还身居高位。一位叔祖父还在天宝末年担任着山东重镇济南的太守[26]。

在他早期的漫游生活中,李白遇到了道教宗师司马承祯(655—735)[编者注:据《辞海》(上海辞书出版社,2019年版)为(639—735)][27]:"余昔于江陵见天台司马子微,谓余有仙风道骨,可与神游八极之表,因著《大鹏遇希有鸟赋》以自广。此赋已传于世,往往人间见之。悔其少作,未穷宏达之旨,中年弃之。及读《晋书》,睹阮宣子《大鹏赞》[28],鄙心陋之。遂更记忆,多将旧本不同。及复存手集[29],岂敢传诸作者?庶可示之子弟而已。"[30]这篇赋以对大鹏飞越海天山河的长篇描述开始。在大鹏遨游天地之时，突然，一只"希有鸟"飞到它面前说:"'伟哉鹏乎，此之乐也。吾右翼掩乎西极，左翼蔽乎东荒，跨蹑地络，周旋天纲。以恍惚为巢，以虚无为场。我呼尔游，尔同我翔。'于是乎大鹏许之，欣然相随。此二禽已登于寥廓，而斥鷃之辈空见笑于藩篱。"

大鹏和斥鷃的典故出自道教典籍《庄子》的第一章：大鹏可以不间断地飞行几千里，蜩与学鸠知道了这件事，都觉得这是不可能的，他们说:"我决起而飞，抢榆枋，时则不至而控于地而已矣，奚以之九万里而南为？"[31]李白以这个寓言的结尾暗示了那些心胸狭隘之人对于他及司马承祯等修道者的自矜之态。考虑到李白此时还是一位无名之辈，而司马承祯则是一位年届七旬、名满天下的宗教领袖[32]，这篇赋的全部中心思想其实并不十分尊重司马承祯。的确，大鹏只不过是在连绵的时空中漫游，而"希有鸟"则可以"右翼掩乎西极，左翼蔽乎东荒"，并且"以恍惚为巢，以虚无为场"。但是赋中对于大鹏的描写连篇累牍，而"希有鸟"的成就却在短短几行中被一笔带过。当然，大致来说这篇寓言赋的意思是说李白只达到了佛教所说的"风轮三昧"的境界，这是一种心醉神迷的状态，在这种状态下心灵在空间中畅通无阻地漫游；而司马承祯现在邀请他学习的是极乐心法，在这样的修行中，所有的形式和存在都消失了。然而，我们从司马承祯有关道教存思冥想术的著作《坐忘论》第四节中得知，有别于其他道教宗师，司马承祯建议他的弟子门人放弃饮酒。如果他曾经轻率地向李白提出过这个建议，那么《大鹏赋》或许在某种程度上反映了这样一个意图，即通过长篇大论强调诗人的远见卓识和特立独行以使自己取代已然年迈的宗教领袖的地位。

婚姻、求职及其与孟浩然、元演的交往

大约在 726 年，李白迎娶了曾在 657 年担任过宰相的许圉师的孙女，并举家在汉口以北的安陆寿山生活数年。这种安排无疑只是暂时的。大家认为李白很快就可以自谋生路了，事实上我们也确实发现他曾写信给邻县的高官并随信附上自己新近所作的三首诗[33]，以暗示自己需要获得一份工作。另一封写给荆州长史韩朝宗（686—750）的信中说既然其已经举荐了"崔宗之之徒"[34]（崔宗之后来成为李白最好的朋友之一），那么肯定能为他做点什么。在信中，李白再次附上了自己的诗作[35]。公元 734 年，韩朝宗在李家北边 70 多英里之外的襄阳担任刺史。李白前去拜访他，却在用餐时行错了礼，举手作揖而非弯腰鞠躬。当刺史大人责备他时，他回答说："酒以成礼。"于是得到了韩朝宗的谅解。[36]

但不论是韩朝宗还是别人，都没能给李白一份工作，他继续与妻子住在岳父家。事实上，在他的一生中，他似乎从未真正构建过完全属于自己的家庭生活。当他未与历任妻子共同生活时，他可能会住在所谓的堂兄弟——至少是那些愿意承认自己与他有亲戚关系的李姓之人的家里。李白很少提及自己与谁同住，但在他所到之处，我们都能看到他给堂兄弟或其他李姓亲属写的诗，他们或许就是他的东道主。

大约在 730 年，他与同时代的著名诗人孟浩然（689—740）成为朋友。孟浩然来自襄阳，我们已经知道此地距离李白家大约 70 英里。39 岁以前，孟氏一直居住在襄阳东南方 12 英里的鹿门山，在那里研读经典，创作诗歌。728 年，他去长安参加科

举但名落孙山,然而却与诗人兼画家的王维(699—759)以及政治家张九龄(673—740)成为了朋友。有一个故事是这样说的:某天,当他正与王维在皇宫的一个房间里谈话时,皇帝突然进来了。孟浩然吓得躲在长榻之下,躲避的速度却不够快,露出了行迹。于是王维赶紧尴尬地解释,但是当他提及孟浩然的名字时,皇帝却说:"我听说过他的名字,很乐意接见他,叫他出来吧,没什么好担心的。"于是皇帝便让孟浩然背诵一首自己的诗。当孟浩然背诵到"不才明主弃,多病故人疏"一句时,皇帝打断了他的话,慨然说道:"你从来没有向我请求过出仕,我又何曾抛弃过你呢?你这是诽谤!从哪儿来的回哪儿去吧!"[37]于是孟浩然只得回到了襄阳,一些记载显示他似乎在那里生活到740年去世。从他的诗作中可以明显看出他在这段时间内四处漫游,游历了长江以南的洞庭湖、九江附近的庐山和扬州的大港。又有一个故事说,李白的恩人韩朝宗同意携孟浩然至京城,并举荐他入仕。在他们准备动身的时候,一位老朋友碰巧到孟浩然家里拜访。酒过三巡,二人酩酊大醉,此时有人提醒他说:"你不是还与韩大人有约吗?"孟浩然说:"让他走开吧!我正忙着喝酒,没时间管别的事。"韩朝宗于是大怒,不再管他,独自去了长安。[38]然而就算我们仔细研究韩朝宗的为官生涯的细节,也很难考证出这是何时发生的事,它很可能出自杜撰。但是孟浩然的形象在李白的诗中被描绘得清晰可辨:

吾爱孟夫子,风流天下闻。
红颜弃轩冕,白首卧松云。

> 醉月频中圣,迷花不事君。
> 高山安可仰,徒此揖清芬。[39]

必须要说明的是,"中圣"一词来自徐邈(3世纪)的典故,当徐邈在府衙喝得酩酊大醉以致无法处理公务时,他辩称自己是"中圣人"。由于"圣人"通常代指皇帝,于是他陷入了严重的麻烦之中,但他的一位朋友站出来为他辩护,宣称"圣人"是好酒之人对清酒的称呼,最终徐邈被皇帝原谅了。[40]

记载李白早年生活及游乐之事的名作是《忆旧游寄谯郡元参军》一诗[41],此诗被收录在埃兹拉·庞德翻译的《华夏集》之中[42],庞德对其进行了精彩绝伦的阐释。这首诗大约写于748年左右,是写给某位元姓参军的,但是关于这位参军的情况我们一无所知:

> 忆昔洛阳董糟丘,为余天津桥南造酒楼。
> 黄金白璧买歌笑,一醉累月轻王侯。
> 海内贤豪青云客,就中与君心莫逆。
> 回山转海不作难,倾情倒意无所惜。
> 我向淮南攀桂枝[43],君留洛北愁梦思。
> 不忍别,还相随。
> 相随迢迢访仙城[44],三十六曲水回萦。
> 一溪初入千花明,万壑度尽松风声。
> 银鞍金络到平地,汉东太守来相迎。
> 紫阳之真人[45],邀我吹玉笙。
> 餐霞楼上动仙乐,嘈然宛似鸾凤鸣。

袖长管催欲轻举,汉中太守醉起舞。
手持锦袍覆我身,我醉横眠枕其股。
当筵意气凌九霄,星离雨散不终朝,分飞楚关山水遥。
余既还山寻故巢,君亦归家渡渭桥。

不久之后,元参军的父亲成为北方重镇太原的守将,他也跟随父亲到了太原。734 年的夏天,他邀请李白前来相访。李白遂于此年年末来到太原。在《忆旧游寄谯郡元参军》一诗中,他说:

君家严君勇貔虎,作尹并州遏戎虏。
五月相呼渡太行,摧轮不道羊肠苦。
行来北凉岁月深,感君贵义轻黄金。
琼杯绮食青玉案,使我醉饱无归心。
时时出向城西曲,晋祠流水如碧玉⑯。
浮舟弄水箫鼓鸣,微波龙鳞莎草绿。
兴来携妓恣经过,其若杨花似雪何。
红妆欲醉宜斜日,百尺清潭写翠娥。
翠娥婵娟初月辉,美人更唱舞罗衣。
清风吹歌入空去,歌曲自绕行云飞。
此时行乐难再遇,西游因献长杨赋。
北阙青云不可期,东山白首还归去。
渭桥南头一遇君,酂台之北又离群⑰。
问余别恨知多少,落花春暮争纷纷。
言亦不可尽,情亦不可及。

呼儿长跪缄此辞,寄君千里遥相忆。

他似乎至少与元家共同生活了八个月。与很多长时间的游访一样,这次居留也是乘兴而来兴尽而归。他现存的唯一创作于太原的诗歌可以追溯到735年的初秋[48]。当看到月亮升起时,他说:"梦绕边城月,心飞故国楼。思归若汾水,无日不悠悠。"[49]与作于十年之后或更晚一些的《忆旧游寄谯郡元参军》相比,这确实是一首短诗,如同早年作于四川的诗歌一样。这一差别表明,在他步入中年之际,其诗歌创作显示出巨大的进步。

注　释

① 昌明,即剑南道绵州昌明县,今四川省绵阳市江油市。
② 见李白《秋于敬亭送从侄专游庐山序》。此处有韦利自注曰:"这部分内容可参见我的书《圣殿》,第41页。'赋'的结构中一部分是散文,一部分是韵文。此赋是司马相如的作品,他卒于前11年。"译者注,司马相如卒于前118年,此处为韦利误记。
③ 嗣圣元年(684),武则天废皇帝李显为庐陵王,改立李旦为皇帝,并临朝称制,687年即垂拱三年,李旦在位,并未被武则天废黜,但武则天此时确已临朝称制,是国家的实际统治者。
④ 据《旧唐书·则天皇后本纪》:"有沙门十人伪撰《大云经》,表上之,盛言神皇受命之事。"及《旧唐书·薛怀义传》:"怀义与法明等造《大云经》,陈符命,言则天是弥勒下生,作阎浮提主,唐氏合微。故则天革命称周,怀义与法明等九人并封县公,赐物有差,皆赐紫袈裟、银龟袋。其伪《大云经》颁于天下,寺各藏一本,令升高座讲说。"等记载,韦利称薛怀义为"作伪者"是因为他主持伪造了为武周政权合法性张目的《大云经》。

⑤ 作者的原文为"field-marshal",意为"陆军元帅"。按照《旧唐书》薛怀义本传的记载,他曾数次担任"行军大总管"一职,率兵平乱,职能近似于"陆军元帅"。

⑥ 《旧唐书·薛怀义传》:"(薛怀义)为市于洛阳,得幸于千金公主侍儿。"千金公主,唐高祖李渊之女,后拜为武则天义女,获赐"武"姓。

⑦ 《资治通鉴·唐纪·则天顺圣皇后中之上长寿元年》:"初,明堂既成,太后命僧怀义作夹纻大像,其小指中犹容数十人,于明堂北构天堂以贮之。"

⑧ 《旧唐书·薛怀义传》:"永昌中,突厥默啜犯边,以怀义为清平道大总管,率军击之,至单于台,刻石纪功而还。"

⑨ 《旧唐书·薛怀义传》:"长寿二年,默啜复犯塞,又以怀义为代北道行军大总管,以李多祚、苏宏晖为将。未行,改朔方道行军大总管,以内史李昭德为行军长史,凤阁侍郎、平章事苏味道为行军司马,契苾明、曹仁师、沙吒忠义等十八将军以讨之。未行虏退,乃止。"

⑩ 《旧唐书·则天皇后本纪》:"(万岁登封元年)春三月,重造明堂成。夏四月,亲享明堂,大赦天下,改元为万岁通天,大酺七日。"

⑪ 《旧唐书·薛怀义传》:"其后益骄倨,则天恶之,令太平公主择膂力妇人数十,密防虑之。人有发其阴谋者,太平公主乳母张夫人令壮士缚而缢杀之,以辇车载尸送白马寺。"

⑫ 开元五年(717)唐玄宗临幸东都,将行大享之礼,太常官认为武则天所造明堂有违典制,于是玄宗更明堂为"乾元殿"。从此,唐玄宗常于元日冬至在乾元殿受朝贺。季秋大享祀之礼,依旧在圜丘进行。《旧唐书·玄宗本纪》:"(开元五年秋七月甲子)诏曰:'……今之明堂,俯邻宫掖,比之严祀,有异肃恭,苟非宪章,将何轨物?由是礼官博士公卿大臣广参群议,钦若前古,宜存露寝之式,用罢辟雍之号。可改为乾元殿,每临御依正殿礼。'"

⑬ 见李白《赠张相镐(其二)》。

⑭ 见李白《与韩荆州书》。

⑮ 见李白《上安州裴长史书》。

⑯ 见李白《上安州裴长史书》。

⑰ 此即李白在《上安州裴长史书》中所说："又昔与逸人东严子隐于岷山之阳，白巢居数年，不迹城市。""岷山之阳"，明人杨慎指为匡山，在昌明县北30里处，李白少时曾数次隐居在此读书。

⑱ 见李白《上安州裴长史书》。"广汉太守"即绵州太守。绵州，汉代称"广汉"，李白乃绵州郡人。地取旧名，以代时称，唐人多有此习。

⑲ 《新唐书·选举志》："其天子自诏者曰制举，所以待非常之才焉。……唐兴，世崇儒学，虽其时君贤愚好恶不同，而乐善求贤之意未始少息，故自京师外至州县，有司常选之士，以时而举。而天子又自诏四方德行、才能、文学之士，或高蹈幽隐与其不能自达者，下至军谋将略、翘关拔山、绝艺奇伎莫不兼取。其为名目，随其人主临时所欲，而列为定科者，如贤良方正、直言极谏、博通坟典达于教化、军谋宏远堪任将率、详明政术可以理人之类，其名最著。"

⑳ "海翁失鸥"，典出《列子·黄帝》："海上之人有好鸥鸟者，每旦之海上，从鸥鸟游，鸥鸟之至者百住而不止。其父曰：'吾闻鸥鸟皆从汝游，汝取来，吾玩之。'明日之海上，鸥鸟舞而不下也。"比喻人如果怀有私心，就会失去朋友的信任和情谊。

㉑ 见魏颢《李翰林集序》。

㉒ 王皇后是唐高宗李治的原配妻子，贞观十七年（643）被册封为太子妃，永徽元年（650）被册立为皇后，因骄横无子而失宠，永徽六年（655）因"谋行鸩毒"的罪名被废，后被武后缢杀。

㉓ 此诗即李白《古风（其二）》："蟾蜍薄太清，蚀此瑶台月。圆光亏中天，金魄遂沦没。螮蝀入紫微，大明夷朝晖。浮云隔两曜，万象昏阴霏。萧萧长门宫，昔是今已非。桂蠹花不实，天霜下严威。沉叹终永夕，感我涕沾衣。"

㉔ 见李白《上安州裴长史书》。

㉕ 李白有《答族侄僧中孚赠玉泉仙人掌茶》《登梅冈望金陵，赠族侄高座寺僧中孚》二诗。

㉖ 这位叔祖的姓名史籍失载，李白有《陪从祖济南太守泛鹊山湖三首》诗。

㉗ 司马承祯，字子微，法号道隐，自号白云子，河内郡温县（今河南温

县）人。唐朝道士，道教上清派第十二代宗师，隐居天台山玉霄峰。其生卒年难以确考，《旧唐书》本传云："（开元）十五年，又召至都。……是岁，卒于王屋山，时年八十九。"玄宗追赠其为银青光禄大夫、真一先生。

㉘ 此处韦利自注曰："见《晋书》卷四九，阮修生活在三世纪下半叶。"阮修，字宣子，西晋时期大臣、名士阮咸从子。

㉙ 此处韦利自注曰："或者说是'handy collection'，即将松散的纸张贴在卷轴上，方便查阅。"译者注：此处正文为"hand-collection"，"handy collection"与"hand-collection"相比，前者强调"随手"，后者强调"亲手"。

㉚ 本句及下文"伟哉鹏乎"一段皆出自李白的《大鹏遇希有鸟赋》，此赋后被李白更名为《大鹏赋》。

㉛ 见《庄子·逍遥游》。

㉜ 此处韦利自注曰："他是上清派的第十二任宗师。"

㉝ 此信即李白所作《上安州李长史书》。李长史，即时任安州长史李京之，李白此前酒后行路，遇李京之的车驾而未及回避，遂致获罪，于是作此书致歉，情极惶恐，并附上《春游救苦寺》《石岩诗》《上杨都尉》三诗。

㉞ 此信即李白所作《与韩荆州书》。韩荆州，即时任荆州长史韩朝宗，喜识拔后进，李白在信中说："中间崔宗之、房习祖、黎昕、许莹之徒，或以才名见知，或以清白见赏。白每观其衔恩抚躬，忠义奋发，以此感激，知君侯推赤心于诸贤腹中，所以不归他人，而愿委身国士。倘急难有用，敢效微躯。"此处有韦利自注曰，"荆州在汉口以西120英里。"

㉟ 李白在《与韩荆州书》中说："至于制作，积成卷轴，则欲尘秽视听，恐雕虫小技，不合大人。若赐观刍荛，请给纸墨，兼人书之。然后退扫闲轩，缮写呈上。"

㊱ 魏颢《李翰林集序》有云："又长揖韩荆州，荆州延引。白误拜，韩让之。白曰：'酒以成礼。'荆州大悦。"

㊲ 《新唐书·孟浩然传》："维私邀入内署，俄而玄宗至，浩然匿床下，维以实对，帝喜曰：'朕闻其人而未见也，何惧而匿？'诏浩然出。帝问其诗，浩然再拜，自诵所为，至'不才明主弃'之句，帝曰：'卿不求仕，

而朕未尝弃卿，奈何诬我？'因放还。"

㊳《新唐书·孟浩然传》："采访使韩朝宗约浩然偕至京师，欲荐诸朝。会故人至，剧饮欢甚，或曰：'君与韩公有期。'浩然叱曰：'业已饮，遑恤他！'卒不赴。朝宗怒，辞行，浩然不悔也。"

㊴ 即李白《赠孟浩然》。

㊵《三国志·徐邈传》："时科禁酒，而邈私饮至於沈醉。校事赵达问以曹事，邈曰：'中圣人。'达白之太祖，太祖甚怒。度辽将军鲜于辅进曰：'平日醉客谓酒清者为圣人，浊者为贤人，邈性修慎，偶醉言耳。'竟坐得免刑。"中（zhòng）圣：醉酒。

㊶《忆旧游寄谯郡元参军》当作于天宝三载（744）至天宝十二年（753）间，"元参军"即李白的好友元演，时为亳州（即谯郡）参军。

㊷ 埃兹拉·庞德（Ezra Pound，1885—1972），美国诗人和文学评论家，意象派诗歌运动的重要代表，与艾略特同为后期象征主义诗歌的领军人物。他从中国古典诗歌、日本俳句中生发出"诗歌意象"的理论，为东西方诗歌的互相借鉴做出了卓越贡献。《华夏集》（*Cathay*）是他在1915年根据美国东方学家厄内斯特·费诺罗萨（Ernest Fenollosa）的遗稿而译成的中国古典诗歌集。

㊸ 此处韦利自注曰："或指与许氏成婚？"

㊹ 此处韦利自注曰："'仙城'是汉东附近一座山的名字。"

㊺ 此处韦利自注曰："道士胡紫阳，上清派第十四代宗师。他逝于公元742年或之后不久，其墓志铭是李白应禅师贞倩所请而作。"译者注，李白有《唐汉东紫阳先生碑铭》一文，述胡紫阳生平甚详。

㊻ 此处韦利自注曰："晋祠是一位周代早期诸侯的祠堂。"译者注，晋祠原名为晋王祠，初名唐叔虞祠，是为纪念晋国开国国君唐叔虞而建。

㊼ 此处韦利自注曰："鄯台即现在的亳州，位于安徽省西北部。李白作此诗时，元氏正在此地做官。"

㊽ 李白作于太原的诗歌不止一首，除下文所引之外，还有《赠郭季鹰》等。

㊾ 见李白《太原早秋》。

第二章　谪仙的诞生

借修仙而入朝廷

在一个陌生家庭里生活了这么久之后，李白的思乡之情也顺理成章地与日俱增，他离开太原后直奔任城（即现在山东南部的济宁），他的父亲（？）当时在这里担任一个小官。①在这里，他结识了三位隐居在任城东北、竹溪之畔的学者。其中之一是孔巢父，他是孔子的第三十七代孙，是一位非常有名的历史人物。783年叛军占据长安时，他在拱卫李唐王室方面起到了重要作用，784年死于暗杀②。至于这三人中的另外两位：韩准与裴政，我们所知甚少。这三位隐士不时进城来"挥牧伯"③。冬季的一天，李白为即将回山的他们送行，写了一首诗④来描述其回到山中之后的生活——他们睡在一块平坦的岩石上，披着一件毛皮斗篷，山上有被水冲洗过的冰洞，三个人只有一双木屐可穿。"昨宵梦里还，云弄竹溪月。今晨鲁东门，帐饮与君别"。据说后来又有两个人加入了他们，与李白一起被称为"竹溪六逸"⑤。但在李白的诗中没有任何证据表明他曾加入过这段隐居生活。

不久之后，李白又开始了他的漫游生活。在738年或更晚一些时候，他来到扬州，并写作了一首跟新开凿的河道有关的诗⑥，这条河道是为了方便运输粮食而修建的。742年夏天，他登上了泰山，这是中国东部最高的山。725年，玄宗皇帝曾经登上泰山并举行了封禅大典。李白将自己能够成功登顶泰山归功于自己斋戒了三十天并在丝帛上认真书写了《道德经》。但是他也提到自己上山所走的是一条皇帝专用的御道，因此四五个小时的攀登无论如何也不会十分艰难困苦。他说他骑着一只白鹿登上了泰山，但我想这仅仅是因为传说中的各位道家神仙都坐着白鹿所拉的云车[7]；实际上，他可能骑的是驴或马。在登山的途中，李白与仙女们有一段令人怅然若失的相逢，她们"含笑引素手，遗我流霞杯"[8]，而他不得不羞愧地告诉仙女，他没有成为一个长生之人的资质，并且也没有准备好完全背弃尘世。他还遇到了眼睛和瞳孔均呈方形的神仙（据说人活到八百岁，瞳孔就会变成方形）[9]，这些神仙立刻躲在云后，但却掷下一物，飘在云石之间。李白拿到手后发现这是一部无法辨读的"鸟迹书"[10]。最后，他遇到了一个穿着绿色衣服的仙童，仙童嘲笑他满脸的皱纹，告诉他没有及时学习长生不老的方术是很遗憾的。然后，这个爱嘲弄人的仙童消失在险峻壮观的景色里，无迹可寻[11]。

在这些叙述中，诗人通过对著名神仙掌故的引用，表达了他不愿意放下世俗、隐居深山的心境。不过，李白可能确实相信神仙的存在，而只要有合适的导师和天赋，就有可能学会长生不老之术。大约在他攀登泰山的同时，他与一位著名的道教作家吴筠（卒于 778 年）成为了朋友。吴筠最有名的著作之一是《神仙可学论》，这篇文章的出现显然是因为有些人根本不相信神仙，并质问他为什么没有人见过神仙。吴筠回答说："行之者密，得之者隐，故举俗罕为其方。"[12]吴筠认为神仙们肯定曾存在于过往，因为在古籍中有无数的记载可供参考；如果神仙们今天不复存在，那为什么人们总是听到证实他们存在的故事呢？742年末或743年初，吴筠被召入朝廷。道教是当时最为盛行的宗教。741年，中国设立了新的科举制度，允许信奉道教的考生接受道家考试，而非儒家考试。742年，政府颁布法令，规定《庄子》《列子》等道家著作从此被称为经典，并与儒家经典并立。[13]玄宗皇帝的妹妹玉真公主从711年开始入道修仙。[14]据李白的朋友魏颢说（他大概也是从李白那里得到的信息），正是这位公主将李白举荐给皇帝，这也是他和吴筠几乎同时被征辟入朝的原因。还有一种说法认为是吴筠向皇帝推荐了李白。事实很可能是吴筠把李白介绍给了玉真公主，之后这位公主又将他引荐给了自己的皇兄。

失意的"谪仙"

在到达都城（即长安）后，李白并没有得到实际的官职，而是待诏翰林：与一群杰出诗人结伴，随时准备参加朝廷的游赏活动和各类庆典并作诗以贺。他此次在长安享受到优厚的待遇："龙钩雕镫白玉鞍，象床绮席黄金盘。当时笑我微贱者，却来请谒为交欢。"[15]他在长安结识了两位好朋友。其一是贺知章（659—745），这是一位快活的老者，虽然因风流纵酒、健谈善谑和精于书法而闻名，但他实际上也有着一段漫长而多样的仕宦生涯。贺知章的举止古怪是出了名的。726年，皇帝的一位弟弟去世了，一些年轻的贵族因没有被选为护棺之人而非常愤怒，他们在贺氏任职的礼部衙门外示威。令他们吃惊的是，一个脑袋突然从一堵高墙顶上冒了出来：贺知章找到了一架梯子，把它靠在墙上，企图居高临下地解决这场争端。[16]他晚年变得越发放诞。743年冬，他病倒后昏迷数日。醒转之后，他说自己在梦中游览了道教圣地，并上疏请度为道士，而且请求回到他位于中国东部的故乡养老[17]。第二年年初，皇帝下令百官在长乐坡（一处著名的送别之地）为他饯行，皇帝亲作一诗以赠，其他送行之人也应制而作，共得诗37首。李白不仅写了一首应制诗，而且还以个人的名义写了一首送别诗。这两首诗都是郑重而传统的。但在贺知章去世之后（745），李白写道：

> 长安一相见，呼我"谪仙人"。
> 昔好杯中物，翻为松下尘。
> 金龟换酒处，却忆泪沾巾。[18]

在这首诗的序中，他对此诗的本事进行了说明："太子宾客贺公，于长安紫极宫一见余，呼余为'谪仙人'，因解金龟换酒为乐。"

贺知章称呼李白为"谪仙人"并非只是简单地为他发明了一个特殊称号，而是正如李白自己所强调的那样，这一称号"只是对事实的记录"（"实录耳"）。[19]人们普遍认为"谪仙人"是因在天界行为不端而被放逐人间接受惩罚的。在人间，他们被视为才情非凡、性格放旷之人，是所谓的"三十六帝之外臣"[20]。无数的故事和戏剧都以这个主题为基础。

李白在长安结识的另一位朋友是前宰相崔日用之子崔宗之。我们记得，大约在十年前，李白对他的评价相当轻蔑。他们第一次见面显然是在长安，这在崔宗之写给李白的一首诗中有所描述：

> 凉风八九月，白露满空庭。
> 耿耿意不畅，捎捎风叶声。
> 思见雄俊士，共话今古情。
> 李侯忽来仪，把袂苦不早。
> 清论既抵掌，玄谈又绝倒。
> 分明楚汉事，历历王霸道。
> 担囊无俗物，访古千里馀。
> 袖有匕首剑[21]，怀中茂陵书。
> 双眸光照人，词赋凌子虚。[22]

在下文中，崔宗之继续邀请他的新朋友去位于洛阳附近的登封的崔氏别业与他同住。[23]李白婉言谢绝了他的邀请，说："朝游明光宫，暮入阊阖关。但得长把袂，何必嵩丘山。"[24]

似乎还有另外五位朋友与李白、贺知章、崔宗之一起，被称为"饮中八仙"。但李白、崔宗之、贺知章是同时期相关文献中仅有的三位。可以看出其他名字是后来填写的，因此略显随意，其中甚至包括卒于734年的苏晋。我们可以知道的是，李白第一次去拜访崔宗之时，他们谈论的是治国之道。毫无疑问，当他前往长安时，其诉求是在朝廷中担任一个高官要职。742年秋天，当他准备启程前往京城时，曾在一首告别诗中[25]把自己比作朱买臣（卒于前115）[26]。朱买臣曾经不断地宣称自己总有一天会功成名就，却被他正在忍饥挨饿的妻子嘲笑。朱氏最终位列朱紫，李白此诗则暗示他自己也在期待这样的成功。他说，无论如何，他不会永远做一个"蓬蒿人"。他早就应该用自己的真知灼见去"游说万乘"了。所以他离家远行，"仰天大笑出门去"。幼年便结识李白的刘全白在 790 年写到李白曾向皇帝献上一书，名曰《宣唐鸿猷》。[27]在后来的诗作中，李白曾说"愿一佐明主"[28]、"空谈霸王略，紫绶不挂身"[29]，他承认自己是一个失败的政治家但又认为自己并非一位令人失望的诗人。诗歌在中国有着崇高的地位，而他竟然不满足于仅仅被视为诗人，这似乎有些奇怪。然而事实是，虽然位高权重者的吟诗作赋之举也会被传为美谈，但一个出身微贱的职业诗人却只能拥有社会地位低下的一生。在宫廷里，李白被与其他专业人士如医生、卜祝、术士归为一类。他只是一介"布衣者"[30]，既没有地位也没有身份。

李白在长安所写的诗中最著名的是《月下独酌》四首，大概创作于 743 年或 744 年的春天。其中第三首写道：

三月咸阳城[31]，千花昼如锦。
谁能春独愁？对此径须饮。
穷通与修短，造化夙所禀。
一樽齐死生，万事固难审。
醉后失天地，兀然就孤枕。
不知有吾身，此乐最为甚。

在创作于长安的几首诗中，他没有明确提到自己郁郁不平的原因，但却明白表示了离开这里的渴望。每当他看到云起平野，霭归终南,他都有一种强烈的远离城市、隐于山林的想法。李白羡慕一位回到石门山"涅槃"的朋友[32],而他却仍须委身尘世,使自己渺小下去,才可能逐渐实现自我价值,所谓"尺蠖之屈,以求信也"。他在送族弟回到位于湖南东南部的桂阳时说"余欲罗浮隐"[33],但却因为感念玄宗皇帝的恩德而踟蹰。李白郑重地承诺将与他的朋友结伴而行,他说:"昨梦江花照江日,几枝正发东窗前。觉来欲往心悠然。"[34]而当他在长安的东南门——青门为另一位朋友送行时,他指了指头顶云层中飞翔的一只大雁,(正如评家所释的那样)意即他也将很快离开这座城市。[35]所有早期的记载都一致认为,他在长安之所以陷入困境,是因为一个竞争对手的阴谋诡计,所谓:

为贼臣诈诡,遂放归山。[36]

这是李白自己告诉我们的,他的朋友魏颢说这个"贼臣"就是张垍。当时李白实际上得到了一个明确的文官(即中书舍人)任命,但因为张垍的干预,皇帝取消了这一任命[37]。张垍是著名宰相张说(667—730)的次子。他娶了皇帝的一个女儿,岳父既然把他当作文学顾问,那么他自然会把李白看作一个危险的对手[38]。我们不知道张垍指控李白的确切罪名,但在李白离开长安时所作的一首诗中,他把自己比作一只因能言善道而陷入困境并且最终被放归山林的鹦鹉。鹦鹉这种鸟向来以泄露宫廷机密而闻名。正如中国古代小说喜欢使用的套语那样,我们也"有诗为证":

> 寂寂花时闭院门，美人相并立琼轩。
> 含情欲说宫中事，鹦鹉前头不敢言。�539

李白经常被要求为皇帝草拟诏书，因此他现在很可能被指控未经政府有关部门的批准而泄露了诏书的内容。魏颢告诉我们，李白曾经被派去起草军令。李白当时正在某个贵族家里痛饮，喝得"半醉"但却可以文不加点地写出一份措辞精当的文件。�40当他与朋友们欢聚宴饮之时，他可能用十分轻率的口吻谈及了此事。事实上，魏颢确实把李白一生都没能得到一个正式的官职归罪于朝廷因他有"阮咸之失"�41而产生的过于谨慎的想法，也就是说朝廷认为如果授予李白一个要职，那么作为一名酒鬼，他很可能会在工作时大吵大闹，陷自己于繁难之境。魏颢说朝廷的这种行为是："所谓仲尼不假盖于子夏。"�42孔子当时解释说自己不向子夏借伞是因为子夏对自己的财物非常吝惜，他担心向子夏借伞会让子夏不得已暴露自己的短处。

另一个麻烦可能来自太监高力士（684—762），关于这一点，我们没有当时的记载，但后来有很多轶事都能够说明�43。我们知道，高力士是一位虔诚的佛教徒，他试图削弱几乎与李白同时到达长安的李白之友、道士吴筠的地位，这种敌意很可能波及李白，毕竟李白是一位虔诚的道教徒。李白大概于744年秋天离开长安，他的朋友韦良宰为他在骠骑亭设宴送别，尽最大的可能"慰此远徂征"�44。成群结队的骑兵与他同行，"歌钟不尽意，白日落昆明"，"昆明"是一面位于长安城西南12英里处的湖泊。

虽然他这次离开长安最终的目的地是范阳（现北京南郊的一部分地区），但他首先去了距离长安约 100 英里的凤翔，并为一幅地藏菩萨的画像题词，这幅画像由一位名叫窦滔的人贡献。李白告诉我们，窦滔曾是一位英气爽迈的年轻人，在上流社会过着享乐的生活，但现在身患疾病，希望得到地藏菩萨的救助，从而使"厥苦有瘳"㊺。随后（在这一年的深秋），他转向东北方，去往邠州，在这里他见到了族兄李粲，其家中美女满堂，个个能歌善舞。在一首写给当地少年的诗中，他说他曾在皇宫里得到了一份工作，却使自己毫无意义地蒙羞。然而，就连他的老朋友都对他的命运漠不关心，他也不能指望在邠州结识的新朋友会同情他。虽然他们现在在他身上看到的是"摧残槛中虎，羁绁韝上鹰"的情状㊻，但总有一天他会"何时腾风云，搏击申所能"。

漫游燕赵

接着，他向东行进到邯郸，这里曾是赵国的都城，以歌人舞女闻名天下，同样流传千古的还有赵国国君的兄弟平原君和他门下三千门客的传奇故事。既然来到邯郸，李白当然要去欣赏欣赏歌舞了：

歌鼓燕赵儿，魏姝弄鸣丝。
粉色艳日彩，舞袖拂花枝。
把酒顾美人，请歌邯郸词。
清筝何缭绕，度曲绿云垂。
平原君安在？科斗生古池。

>座客三千人，于今知有谁？
>我辈不作乐，但为后代悲。[47]

除此之外，他还出席了在邯郸西北两英里处举行的高台之宴，并在那里看到了一些向边境进发的军队[48]。在那个时代，胜利被视为理所当然，战争仍被看作无上光荣的事业。这首诗的风格与他早年间写给一位即将跟契丹军队兵戎相见的朋友的诗非常相似，而与写于752年军事祸乱之后的诗作大为不同[49]。在邯郸，他期待战士们"百战胜""扫鬼方"而后凯旋。在此诗的自注中，他说这首诗是他准备前往北京时写的[50]。他在这一年的十月到达北京，在那里，李白看到安禄山集结了大量军队，这使他感到万分惊讶；而十一年后，安禄山几乎推翻了唐朝的统治。

在当代文献中，安禄山（703—757）经常被作为一个中文术语提及，这个词是波斯语"Chakar"的转写，意为"仆人"。这个名字最初代指的是东伊朗的中心区域，如撒马尔罕和布哈拉等地的地方统治者的警卫队[51]。然而，中国人把这个词理解为"勇士"，并普遍用以代指来自粟特的雇佣兵。[52]这样看来，安禄山的父亲是一个伊朗武士家族的后裔；他的母亲则是突厥人。他似乎出生在现在奉天以西170英里的朝阳附近[53]。安禄山的父亲和成吉思汗的父亲一样很早就去世了，他的一部分童年时光是在突厥人的领土上度过的。回到北方后，他加入了军队，736年被晋升为将军[54]。在李白游历范阳之时，安禄山已拥有极为重要的官职和指挥权，麾下有13万军队，在中国东北拥有绝对的权力。由外族出身的将军们保卫边疆是唐朝当时一个明确的政策。人们普遍相信，由于没有家庭和政治的关系网络，他们不太可能干涉唐朝的内政。在747年因穿越帕米尔高原而闻名的高仙芝（卒于755年）是高句丽人；于749年大破吐蕃的哥舒翰（卒于756年），父亲是突骑施首领的后裔（突骑施是居住在西域北部的突厥部落的一支），母亲则是于阗名门之后；唐朝最坚定的捍卫者李光弼（708—764）则是契丹人。因此，在当时把强大的军事力量集中在一位外族将军手中并不令人惊异。

李白（在一首写于759年的作品中）声称他预见到了安禄山谋反的意图，并后悔自己没能给朝廷一个有效的警告。范阳（即现在的北京）在当时被认为是一个沉闷的边城，绝对不是一个适合游玩的地方，特别是在十二月，所以李白此行的目的大概是想在安禄山手下谋一个文职。由于当时的军官通常都是文盲，因此所有与军需供给有关的文书工作，许多时候甚至还包括军事行动的总体规划，都由军队中的文职人员负责。这些文职职位通过任命而非考试来填补，往往是那些有良好社会关系但不能或不愿参加科举考试的年轻人的职业生涯的起点。

李白在北京只待了很短的一段时间，不知是因为他真的（在事件发生的11年前）预见到了安禄山的谋反之意，还是因为他找不到合适的工作。745年春天，也可能是744年的最后几天，他回到了河南，在现代的开封附近，他第一次见到了伟大诗人杜甫（712—770），他的名字经常与李白的名字联系在一起。当时的杜甫尚且寂寂无名，而李白早已名震寰宇。很明显，这位前辈诗人令杜甫神魂颠倒。他大声疾呼："李侯金闺彦，脱身事幽讨。亦有梁宋游㊱，方期拾瑶草。"㊲那么李白此时所致力于追求的奥秘究竟是什么呢？

齐州受箓

虔诚的佛教徒通常只从僧人那里接受一半或更少的戒律，如果可能的话，他们会从一些著名的佛教要人手中受戒。道教中没有与之相对应的仪轨，最为接近的是获得修道凭证（"箓"），这可以证明受箓者已经准备好入教修行了。玄宗皇帝就有这样一个凭证，由司马承祯在721年为他颁授。在见到杜甫之时，李白显然已经下定决心要得到一个类似的证明，以证明他精通道家学说。李白被他的叔祖——身处河南开封地区的采访使李彦允介绍给高如贵天师[57]，不幸的是，我们没有更多关于高天师的信息。符箓上的书法本身是十分重要的。李白的符箓是由一个名叫盖寰的人为他书写的，精美非常，真可谓"天人惭妙工"[58]。符箓分为四个等级，其中最低的等级只要达到《道德经》中所要求的初级阶段就可获得。这大概就是李白所达到的等级；他可能真的像他的朋友和老师吴筠一样，认为"道法之精，无如五千言"，而其他的道教文献"徒费纸札耳"[59]。一篇大约作于641年的文献对受箓之前的斋戒仪式作了如下描述："为坛三成，每成皆置绵蕝峤，以为限域。傍各开门，皆有法象。斋者亦有人数之限，以次入于绵蕝之中，鱼贯面缚，陈说愆咎，告白神祇，昼夜不息，或一二七日而止。其斋数之外有人者，并在绵蕝之外，谓之斋客，但拜谢而已，不面缚焉。"[60]符箓（它不仅是修为进步的证明，也是一个护身符）上又用普通的文字写着天曹官属佐吏之名。"又有诸符，错在其间，文章诡怪，世所不识。受者必先洁斋，然后赍金环一，并诸赀币，以见于师。师受其赀，以箓授之，仍剖金环，各持其半，云以为约。弟子得箓，缄而佩之。"

李白的受箓之所是齐州老子庙[61]，现属山东省济南市。这是中国东部最大的城市之一，拥有几十万人口。我想任何一个读到这段故事的人（比如曾论及他从"北海天师"那里受箓的小畑薰良[62]）都能够想象出一个神秘而浪漫的玫瑰十字会风格的入会仪式[63]。然而，事实上，这是一个普通而被广泛接受的宗教仪式，更像是基督教的坚信礼[64]，这个仪式会在观礼者面前进行，这些观礼者可能是受箓者的朋友和亲戚。显然，包括金环在内的仪式用具对受箓者来说是相当昂贵的开销，也为主持仪式的道家高人提供了可观的收入来源。对李白来说，这个仪式意味着尽管他在仕途上失败了，但离家三年还是有所收获的。此时他的家庭情况如何呢？这里可以讨论一下关于他第四任妻子的问题。魏颢告诉我们，李白的原配许氏为他诞育了一个女儿和一个名叫明月奴的儿子。"明月奴"是一个乳名，因为魏颢没有提及这个孩子的大名，因此他有可能童年早夭[65]。李白的原配夫人许氏很早就去世了。可能是为了让李白在丧妻后换个生活环境，他的朋友元氏在735年邀请他留在北方[66]。后来，他又娶妻刘氏，但是倏而"刘诀"[67]。这个词的意思可能是他们双方经过协商而同意分手，这在法律上是允许的。他的第三次婚姻是"合于鲁一妇"（鲁即山东）[68]，她的名字我们不得而知。她与李白育有一子，名叫颇黎，也许就是李白在诗中多次提及的儿子李伯禽，李白与他的感情很深。在作于750年左右的《寄东鲁二稚子》中，李白说：

楼东一株桃，枝叶拂青烟。
此树我所种，别来向三年。
桃今与楼齐，我行尚未旋。
娇女字平阳，折花倚桃边。
折花不见我，泪下如流泉。
小儿名伯禽，与姊亦齐肩。
双行桃树下，抚背复谁怜。

这首诗写于南京，当时他把孩子们留在了山东南部龟山附近的沙丘，大概他妻子的家人就住在那里。在几个月后写的另一首诗中，他请一位从南京回到山东的萧先生去看望他的家人。在诗中，他说："我家寄在沙丘傍，三年不归空断肠。君行既识伯禽子，应驾小车骑白羊。"⑩

将李白的婚姻追踪到底，我们发现他在756年与宗氏成亲。宗氏是著名政治家宗楚客的后裔，宗楚客曾三次担任宰相，最终被卷入一桩投毒阴谋，于710年被处死⑪。李白最后一任妻子可能比他活得更久。

注　释

① 韦利原文即有此问号。
② 开元二十五年（737），李白移家东鲁，与山东名士孔巢父、韩准、裴政、张叔明、陶沔在泰安府徂徕山下的竹溪隐居，世称"竹溪六逸"。《旧唐书·孔巢父传》："巢父早勤文史，少时与韩准、裴政、李白、张叔明、陶沔隐于徂来山，时号'竹溪六逸'。"《新唐书·李白传》："更客任城，与孔巢父、韩准、裴政、张叔明、陶沔居徂徕山，日沉饮，号

'竹溪六逸'。"
③ 唐德宗建中四年(783),泾原兵奉命东征途中兵变,叛将朱泚在长安称帝,唐德宗出奔奉天(今陕西省乾县)。朔方节度使李怀光前往救驾,屡有战绩。但因德宗听信奸相卢杞谗言,不许李怀光入朝觐见,故使李怀光背主而去,割据一方。《新唐书·孔巢父传》:"李怀光据河中,帝复令巢父宣慰,罢其兵,以太子太保授之。怀光素服待命,巢父不止。众忿曰:'太尉无官矣!'方宣诏,乃噪而合,害巢父,并杀中人啖守盈。初,巢父至,怀光以其使魏博而田悦死,疑其谋出巢父,故军乱不肯救。帝闻震悼,赠尚书左仆射,谥曰忠。诏具礼收葬,赐其家粟帛,存恤之。"
④ 此句与下文"昨宵梦里还"等句均见李白《送韩准裴政孔巢父还山》一诗。
⑤ 后加入的两人即张叔明与陶沔,二人生平俱不详。
⑥ 即李白《题瓜州新河饯族叔舍人贲》。
⑦ 此处韦利自注曰:"比如韩众。"译者注,韦利自注原文为"Han Chang"疑为"韩众"。韩众是传说中的仙人,《楚辞·远游》:"奇傅说之托辰星兮,羡韩众之得一。"王逸注:"众,一作'终'。"洪兴祖补注引《列仙传》:"齐人韩终,为王采药,王不肯服,终自服之,遂得仙也。"其事迹散见于《史记·秦始皇本纪》《神仙传》等。李白有《古风(其四)》云:"唯应清都境,长与韩众亲。"又有《至陵阳山登天柱石,酬韩侍御见招隐黄山》云:"韩众骑白鹿,西往华山中。玉女千余人,相随在云空。"
⑧ 见李白《游泰山六首(其一)》。
⑨ 见李白《游泰山六首(其二)》。古人以方瞳为长寿之相。晋王嘉《拾遗记·周灵王》有载:"老聃在周之末,居反景日室之山,与世人绝迹,有黄发老叟五人……瞳子皆方,面色玉洁,手握青筠之杖,与聃共谈天地之数。"
⑩ 见李白《游泰山六首(其二)》。鸟迹书,即鸟篆,其笔画由鸟形替代。
⑪ 见李白《游泰山六首(其三)》。
⑫ 见吴筠《神仙可学论》。
⑬ 《新唐书·选举志》:"(开元)二十九年,始置崇玄学,习《老子》《庄子》

《文子》《列子》,亦曰道举。"
⑭《旧唐书·中宗睿宗本纪》:"(景云二年五月)辛丑,改西城公主为金仙公主,昌隆公主为玉真公主,仍置金仙、玉真两观。"
⑮ 见李白《赠从弟南平太守之遥二首·其一》。
⑯ 两《唐书》对此事记载略有差异。《旧唐书·贺知章传》:"俄属惠文太子薨,有诏礼部选挽郎,知章取舍非允,为门荫子弟喧诉盈庭。知章于是以梯登墙,首出决事,时人咸嗤之。"《新唐书·贺知章传》:"申王薨,诏选挽郎,而知章取舍不平,荫子喧诉不能止,知章梯墙出首以决事,人皆嗤之,坐徙工部。"惠文太子李范薨于开元十四年(726),申王李㧑薨于开元十二年(724),此处韦利取《旧唐书》之说。
⑰《新唐书·贺知章传》:"天宝初,病,梦游帝居,数日寤,乃请为道士,还乡里,诏许之,以宅为千秋观而居。"
⑱ 见李白《对酒忆贺监二首并序·其一》。
⑲ 见李白《金陵与诸贤送权十一序》。
⑳ 见李白《金陵与诸贤送权十一序》。
㉑ 此处有韦利自注曰:"一柄匕首约一英尺半长,是侠客和其它复仇者们常用的武器。"
㉒ 见崔宗之《赠李十二白》。
㉓ 崔宗之《赠李十二白》:"我家有别业,寄在嵩之阳。明月出高岑,清溪澄素光。云散窗户静,风吹松桂香。子若同斯游,千载不相忘。"
㉔ 见李白《酬崔五郎中》。
㉕ 见李白《南陵别儿童入京》。
㉖ 朱买臣(?—前115),会稽郡吴县(今江苏省苏州市)人,西汉大臣。朱买臣家贫好学,靠卖柴生活。经过同乡严助推荐,拜中大夫,后出任会稽太守,以平定东越叛乱有功,授主爵都尉,位列九卿。数年后,因事犯法,坐罪免职。不久,复任丞相长史。元鼎二年(前115),参与诬陷御史大夫张汤,下狱处死。
㉗ 见刘全白《唐故翰林学士李君碣记》。
㉘ 见李白《留别王司马嵩》。

㉙ 见李白《相和歌辞·门有车马客行》。此处有韦利自注曰:"紫绶只有那些二品和三品的官员(一共九个品级)才有权佩戴。"
㉚ 见李白《玉真公主别馆苦雨赠卫尉张卿二首(其二)》。
㉛ 此处有韦利自注曰:"亦即长安。"
㉜ 这位朋友疑为元丹丘,李白有《闻丹丘子于城北营石门幽居中有高凤遗迹仆离群远怀亦有栖遁之志因叙旧以寄之》《寻高凤石门山中元丹丘》等诗。
㉝ 见李白《同王昌龄送族弟襄归桂阳二首(其一)》。
㉞ 此处韦利征引有误,李白《同王昌龄送族弟襄归桂阳二首(其二)》中原句为"昨梦江花照江日,几枝正发东窗前。觉来欲往心悠然,魂随越鸟飞南天。"
㉟ 韦利此处所指应为李白《送张舍人之江东》一诗:"张翰江东去,正值秋风时。天清一雁远,海阔孤帆迟。白日行欲暮,沧波杳难期。吴洲如见月,千里幸相思。"
㊱ 见李白《为宋中丞自荐表》。
㊲ 韦利所言,见魏颢《李翰林集序》:"许中书舍人,以张垍谗逐,游海岱间。"
㊳ 《旧唐书》张垍本传:"垍,以主婿,玄宗特深恩宠,许于禁中置内宅,侍为文章,尝赐珍玩,不可胜数。"
㊴ 即朱庆馀《宫词》。此处有韦利自注曰:"作者朱庆馀,公元9世纪。"
㊵ 魏颢《李翰林集序》:"上皇豫游,召白,白时为贵门邀饮。比至,半醉,令制出师诏,不草而成。"
㊶ 阮咸(生卒年不详),字仲容,陈留尉氏人(今河南开封),系阮籍之侄,为人旷达不拘礼节、尚道弃事、好酒而贫。山涛多次推荐阮咸,但没有得到晋武帝认同,最后被任为始平太守,直至寿终。此处有韦利自注曰:"3世纪。"
㊷ 魏颢《李翰林集序》:"议者奈何以白有叔夜之短,倘黄祖过祢,晋帝罪阮,古无其贤。所谓仲尼不假盖于子夏。"典出《孔子家语·致思》:"孔子将行,雨而无盖。门人曰:'商也有之。'孔子曰:'商之为人也,甚吝

于财，吾闻与人交，推其长者，违其短者，故能久也。'"

㊸ 见唐代李濬（一作韦濬）《松窗杂录》、李肇《唐国史补》等书。

㊹ "慰此远徂征"与下文"歌钟不尽意，白日落昆明"两句同见于李白《经乱离后天恩流夜郎忆旧游书怀赠江夏韦太守良宰》一诗。

㊺ 见李白《地藏菩萨赞并序》。

㊻ 本句与下文"何时腾风云，搏击申所能"一句同见于李白《赠新平少年》。

㊼ 见李白《邯郸南亭观妓》。

㊽ 见李白《登邯郸洪波台置酒观发兵》。

㊾ 公元752年的军事动荡，似指阿布思叛唐一事。原文Khitai（契丹）一词后有韦利自注："The tribe from whose name ' Cathay ' is derived." 即"契丹这一部落名称便是起源于此。"

㊿ 此诗题下有李白自注："时将游蓟门。"

(51) 撒马尔罕和布哈拉分别是现乌兹别克斯坦共和国第二大和第三大城市。9至11世纪，以突厥人、东伊朗人为主要组成部分的乌兹别克民族形成，建立喀喇汗国，伽色尼王朝等。13世纪被蒙古人征服。14世纪中叶，突厥人阿米尔·帖木儿建立以撒马尔罕为首都的庞大帝国。16至18世纪，乌兹别克人建立布哈拉汗国、希瓦汗国和浩罕汗国。

(52) 此处有韦利自注曰："后来的Mameluk一词有着类似的发展历程。" Mameluk即"马穆鲁克"，阿拉伯语中为"奴隶"之意。

(53) 安禄山出生在柳城，即现在的辽宁省朝阳市。"奉天"是沈阳的旧称。

(54) 公元736年，即开元二十四年，由于安禄山英勇善战，屡立战功，在幽州节度使张守珪的推荐下，升任平卢讨击使、左骁卫将军。

(55) 此处有韦利自注曰："也就是在河南北部。"

(56) 见杜甫《赠李白》。

(57) 李阳冰《草堂集序》："天子知其不可留，乃赐金归之。遂就从祖陈留采访大使彦允，请北海高天师，授道箓于齐州紫极宫。"李彦允，玄宗开元中，历监察御史、殿中侍御史及侍御史，迁金部、司封二曹郎中。天宝三载（744），官陈留太守、河南道采访大使。玄宗有《命李彦允等入宗正籍诏》。高如贵，其人生平不详，李白有《奉饯高尊师如贵道士传道箓毕归北海》一诗。

⑱ 见李白《访道安陵遇盖还为余造真箓临别留赠》。

⑲ 《旧唐书·吴筠传》有载："帝问以道法，对曰：'道法之精，无如五千言，其诸枝词蔓说，徒费纸札耳。'"

⑳ 与下文"又有诸符"云云皆见《隋书·经籍志》。

㉑ 齐州老子庙，又称紫极宫。

㉒ 北海天师，即高如贵。小畑薰良（Shigeyoshi Obata），日籍留美学者，是最早对李白诗歌进行系统译介的汉学家。此处有韦利自注曰，"见其《李白诗集》（1923），第14页。"

㉓ 玫瑰十字会（Rosicrucian），是17世纪初在德国创立的一个秘密会社，托称为15世纪的罗森克洛兹所创，会名可能得自该会的标记，即十字架上一朵玫瑰花，或来自该会传说中15世纪创建者之名基督徒罗森克洛兹（Rosenkreutz），意为"玫瑰十字架"。

㉔ 坚信礼，一种基督教仪式。根据基督教教义，孩子在一个月时受洗礼，13岁时受坚信礼。孩子只有被施坚信礼后，才能成为教会的正式教徒。

㉕ 魏颢《李翰林集序》："白始娶于许，生一女，一男曰明月奴，女既嫁而卒。"

㉖ 此应指元演邀请李白遨游太原之事。

㉗ 见魏颢《李翰林集序》："又合于刘，刘诀。"

㉘ 见魏颢《李翰林集序》："次合于鲁一妇，生子曰颇黎。"

㉙ 见李白《送萧三十一之鲁中兼问稚子伯禽》。

㉚ 宗楚客（？—170），举进士出身，历任外官。武则天执政时，累迁户部侍郎。坐罪奸赃，流放岭南，岁余召还。神功元年（697），升任宰相，得罪权贵武懿宗，贬为播州司马。长安四年（704），复为宰相。唐中宗复位后，拜中书令，封郢国公。景龙四年（710），李隆基发动唐隆政变，宗楚客坐罪伏诛。

第三章 《河岳英灵集》所录李白诸诗

　　李白的新朋友杜甫有一位兄弟住在离李白很近的临沂，于是杜甫在李白定居后不久也来到了山东。那年秋天，杜甫离开了山东，第二次去长安碰运气。李白为杜甫写了一首传统的送别诗，李白在诗中只说了一句："何时石门路，重有金樽开。"①在杜甫离开后不久，李白在诗中抱怨道："鲁酒不可醉，齐歌空复情。思君若汶水，浩荡寄南征。"②从此之后，李白再也没有给杜甫写过诗了；而在接下来的十几年里，杜甫有大约十四首诗是写给李白或者是关于李白的，如《冬日有怀李白》《春日忆李白》《梦李白》《天末怀李白》《寄李十二白二十韵》《赠李白》等。他有时会抱怨得不到李白的消息：

　　　　死别已吞声，生别常恻恻。
　　　　江南瘴疠地，逐客无消息。③

　　李白没有和他的家人在山东待太久。745年到753年，他大部分时间是在河南东北部的开封和归德之间度过的④，偶尔会去山东和中国东部的其他地区。我们前文所提到的《忆旧游寄谯郡元参军》就创作于这一时期。我大胆猜测这是李白最高产的时期，他的二三十首名作大多是在此时写就的。其中至少有十三首的创作时间早于754年,因为它们被收录在一本名为《河岳英灵集》的诗集中,该诗集收录了714年至753年之间的中国诗歌⑤。这十三首名诗中的大部分都没有标明日期。其中一两首前文已然提及,现在我想谈谈其余诗作。

《战城南》是翻写的乐府旧题,原文我已翻译完成,刊登在《中国诗歌》(1946)第52页:

去年战,桑干源⑥;今年战,葱河道⑦。
洗兵条支海上波,放马天山雪中草。
万里长征战,三军尽衰老。
匈奴以杀戮为耕作,古来唯见白骨黄沙田。
秦家筑城避胡处,汉家还有烽火然。
烽火然不息,征战无已时。
野战格斗死,败马号鸣向天悲。
乌鸢啄人肠,衔飞上挂枯树枝。
士卒涂草莽,将军空尔为。
乃知兵者是凶器,圣人不得已而用之⑧。

在这首诗中,李白不再"遥知百战胜,定扫鬼方还"了。本诗很可能写于751年,因为在那一年的夏天,唐朝军队遭受了两次重大失败,一次是在云南中北部的大理附近的西洱河⑨,另一次是在数千英里外的突厥斯坦北部的塔拉斯河⑩。在云南,大唐对南诏进行了一次惩罚性远征,他们调用了未经训练的士兵,其中许多人死于疟疾。关于这次战役,李白描写了国家本应海清河晏之时，却突然大规模征召士兵的情形：

> 天地皆得一，澹然四海清。
> 借问此何为，答言楚征兵。
> 渡泸及五月[11]，将赴云南征。
> 怯卒非战士，炎方难远行。[12]

随后他在同一首诗中说道："千去不一回，投躯岂全生。"几个月后，在塔拉斯战役中，唐朝军队被阿拉伯人和属于突厥部落的葛逻禄人的军队夹击[13]，只有很少的残部回到了库车[14]。李白在写下《战城南》一诗时，很可能想到了这两场灾难性的战役。

《远别离》是一首关于娥皇和女英这两位妃子的诗作。她们是传说中的尧帝的女儿，尧帝把她们嫁给了舜，并让位给了舜。舜的大臣们密谋反对他，把大禹推上了王位。传说湘江之竹上的斑斑印痕就是由两位妃子的眼泪留下的：

> 远别离，古有皇英之二女，乃在洞庭之南，潇湘之浦。
> 海水直下万里深，谁人不言此离苦。
> 日惨惨兮云冥冥，猩猩啼烟兮鬼啸雨。
> 我纵言之将何补。
> 皇穹窃恐不照余之忠诚，
> 雷凭凭兮欲吼怒，尧、舜当之亦禅禹。
> 君失臣兮龙为鱼，权归臣兮鼠变虎。
> 或言尧幽囚，舜野死，

九疑联绵皆相似,重瞳孤坟竟何是。
帝子泣兮绿云间,随风波兮去无还。
恸哭兮远望,见苍梧之深山。
苍梧山崩湘水绝,竹上之泪乃可灭。

中国人热衷于鸟类寓言。李白的《野田黄雀行》中就包含着一个与大人物为伴会招致灾祸的寓言。在此诗中,麻雀被警告不要跟在翠鸟的身后飞行,因为翠鸟的羽毛很鲜艳,极易被人类诱捕;也不要在吴宫之燕的附近筑巢,因为这座宫殿在前236年被一个举火照燕的守夜人失手烧毁[15]:

游莫逐炎洲翠,栖莫近吴宫燕。
吴宫火起焚巢窠,炎洲逐翠遭网罗。
萧条两翅蓬蒿下,纵有鹰鹯奈若何。

《蜀道难》是一个乐府旧题,题下原文早已失传,但它可能是一首述行诗,描述了从陕西到四川一路攀山越岭的艰难险阻。而在阴铿笔下(阴铿大约卒于565年),它变成了一首政治寓言诗,旅途上的危险象征着政治家事业上的困难[16]。在讨论李白的诗是一篇寓言抑或仅仅是对一条著名山路的简要叙述之前,我将尝试翻译它。但需要说明的是原作的巨大影响来自其语言之壮丽,而这是翻译完全不可能复制的:

噫吁嚱,危乎高哉!蜀道之难,难于上青天!

蚕丛及鱼凫,开国何茫然。

尔来四万八千岁,不与秦塞通人烟。

西当太白有鸟道,可以横绝峨眉巅。

地崩山摧壮士死[17],然后天梯石栈相钩连。

上有六龙回日之高标,下有冲波逆折之回川。

黄鹤之飞尚不得过,猿猱欲度愁攀援。

青泥何盘盘,百步九折萦岩峦。

扪参历井仰胁息,以手抚膺坐长叹。

问君西游何时还?

畏途巉岩不可攀。

但见悲鸟号古木,雄飞雌从绕林间。

又闻子规啼夜月,愁空山。

蜀道之难,难于上青天,使人听此凋朱颜。

连峰去天不盈尺,枯松倒挂倚绝壁。

飞湍瀑流争喧豗,砯崖转石万壑雷。

其险也如此,嗟尔远道之人胡为乎来哉!

剑阁峥嵘而崔嵬,一夫当关,万夫莫开。

所守或匪亲,化为狼与豺。

朝避猛虎,夕避长蛇。

磨牙吮血,杀人如麻。

锦城虽云乐[18],不如早还家。

蜀道之难,难于上青天,侧身西望长咨嗟。

人们通常认为,李白写这首诗是为了劝阻皇帝在756年安禄山威胁长安时逃到成都。但正如我们所看到的，它被收录在成书于753年的选集中，所以这种解释是不可接受的。此外，这首诗的内容本身也不符合这样的假设。李白在诗中为我们描画的情形是这样的：某人历尽艰险行至成都，觉得这样的旅途劳顿令人难以忍受，因此他觉得自己最好马上"回家"。这似乎与玄宗皇帝无"家"可回的处境没有什么关系；毕竟在他离开长安五天之后，长安就被叛军占领了。这首诗读起来与其说是写实，不如说是一种关于政治生活遇到困难的隐喻。我不禁怀疑，这篇气势磅礴、生动鲜活的文字仅仅是为了在诗人行至川北却未往成都与相候许久的亲友见面之时，为自己开脱的说辞。

《河岳英灵集》所录的下一首李诗是《行路难》，它的主题与《蜀道难》相似：

> 金樽清酒斗十千，玉盘珍羞直万钱。
> 停杯投箸不能食，拔剑四顾心茫然。
> 欲渡黄河冰塞川，将登太行雪暗天。
> 闲来垂钓坐溪上，忽复乘舟梦日边。
> 行路难，行路难，多岐路，今安在？
> 长风破浪会有时，直挂云帆济沧海。

李白在此为这一乐府旧题赋予了新的神秘意志。他已经厌倦了自己作为一个挥金如土的贵族的奢侈生活方式。他环顾四周，觉得必须出手一击，把国家从重重危难中拯救出来。然而时机未到，于是他遁世高蹈，过着清净的隐居生活。突然间，他登上了道家

神秘主义的大船,这首诗的其余部分与艾米莉·狄金森的作品风格大致相符[19]:

> 越过房屋,越过海岬,
> 进入永恒深处。[20]

下一首诗与前一首紧密相关,是对一个梦的记录。这首作品篇幅很长,所以我将仅对其中一部分进行翻译:

> 我欲因之梦吴越,一夜飞度镜湖月。
> 湖月照我影,送我至剡溪[21]。
> 谢公宿处今尚在[22],渌水荡漾清猿啼。
> 脚著谢公屐,身登青云梯。
> 半壁见海日,空中闻天鸡。
> 千岩万转路不定,迷花倚石忽已暝。
> 熊咆龙吟殷岩泉,慄深林兮惊层巅。
> 云青青兮欲雨,水澹澹兮生烟。
> 列缺霹雳,丘峦崩摧。
> 洞天石扇,訇然中开。
> 青冥浩荡不见底,日月照耀金银台。
> 霓为衣兮风为马,云之君兮纷纷而来下……[23]

紧接此诗的是《忆旧游寄谯郡元参军》,我在前文中已翻译过了。接下来是一首需要稍加解释的诗,因为它运用了道家著作《庄子》中的一个典故:"昔者庄周梦为胡蝶,栩栩然胡蝶也,自

第三章 《河岳英灵集》所录李白诸诗

喻适志与，不知周也。俄然觉，则蘧蘧然周也。不知周之梦为胡蝶与，胡蝶之梦为周与？"[24]同时，这首诗还运用了另外两个典故：仙女麻姑说自从她来到蓬莱以后，蓬莱周围的海水变浅了许多。它很快就会变成干燥的陆地，[25]以及秦朝的一个大人物东陵侯，在汉朝推翻秦朝后被发现在长安青门外的一块荒地上无奈地种瓜。[26]全诗如下：

> 庄周梦胡蝶，胡蝶为庄周。
> 一体更变易，万事良悠悠。
> 乃知蓬莱水，复作清浅流。
> 青门种瓜人，旧日东陵侯。
> 富贵故如此，营营何所求。[27]

下一首诗是礼貌地感谢当地的一位小职员，他给住在客栈的李白带来了两条鱼和两斗酒：

> 鲁酒若琥珀，汶鱼紫锦鳞。
> 山东豪吏有俊气[28]，手携此物赠远人。
> 意气相倾两相顾，斗酒双鱼表情素。
> 双鳃呀呷鳍鬣张，跋剌银盘欲飞去。
> 呼儿拂几霜刃挥，红肥花落白雪霏。
> 为君下箸一餐饱，醉著金鞍上马归。[29]

《答俗人问》（我依照的是《河岳英灵集》中所列的标题）[30]

一诗像大多数抒情诗一样尤难出现令人满意的翻译。无论如何，我尝试着翻译了它，这首著名的绝句大意是这样的：

> 问余何意栖碧山，笑而不答心自闲。
> 桃花流水杳然去，别有天地非人间。

接下来是辞别家人的诗，这首诗是他在 742 年秋动身前往首都时写的[31]。之后是《将进酒》一诗[32]，"将进酒"的意思是"准备上酒"，也就是说这是"喝酒之前唱的歌"。这是一首用笛子和鼓伴奏的乐府旧曲。最初的文本也许可以追溯到公元 1 世纪，现在也仍然留存着，但它们已经无可救药地腐朽难解了，唯一可以理解的句子是"放故歌，心所作"[33]。下面是李白所作的新词：

> 君不见黄河之水天上来，奔流到海不复回。
> 君不见高堂明镜悲白发，朝如青丝暮成雪。
> 人生得意须尽欢，莫使金樽空对月。
> 天生我材必有用，千金散尽还复来。
> 烹羊宰牛且为乐，会须一饮三百杯。
> 岑夫子，丹丘生，将进酒，杯莫停。
> 与君歌一曲，请君为我倾耳听。
> 钟鼓馔玉不足贵，但愿长醉不用醒。
> 古来圣贤皆寂寞，惟有饮者留其名。
> 陈王昔日宴平乐[34]，斗酒十千恣欢谑。
> 主人何为言少钱，径须沽取对君酌。[35]

五花马，千金裘，呼儿将出换美酒，与尔同销万古愁。

我们不知道"岑夫子"是谁㊱，但知道"丹丘生"是一位叫元丹丘的道士，李白给他写了很多诗㊲。李白曾在《忆旧游寄谯郡元参军》中提及过一位胡紫阳真人。我们从李白为胡紫阳所写的碑铭中得知，742年元丹丘在洛阳附近的嵩山上从紫阳受箓㊳。以下也是李白写给元丹丘的一首诗：

故人栖东山，自爱丘壑美。
青春卧空林，白日犹不起。
松风清襟袖，石潭洗心耳。
羡君无纷喧，高枕碧霞里。㊴

《河岳英灵集》中所录的李白的最后一首诗是《乌栖曲》，这也是一首乐府旧题。它是关于吴王与传说中最美丽的女人西施欢饮作乐的故事。当然，卫道士们认为这是在讽刺唐玄宗对杨贵妃的迷恋。因为我们不知道它是在745年（杨氏在这一年被册封为贵妃）之前还是之后写成的，所以不能判断这种解释是否正确：

姑苏台上乌栖时，吴王宫里醉西施。
吴歌楚舞欢未毕，青山欲衔半边日。
银箭金壶漏水多，起看秋月坠江波，
东方渐高奈乐何。

正如我此前所说，这部《河岳英灵集》成书于 753 年，而本诗也是此集所录的最后一首李诗。我将再翻译一首创作时间不可考的诗作，它的题目是《春日醉起言志》：

> 处世若大梦，胡为劳其生。
> 所以终日醉，颓然卧前楹。
> 觉来盼庭前，一鸟花间鸣。
> 借问此何时，春风语流莺。
> 感之欲叹息，对酒还自倾。
> 浩歌待明月，曲尽已忘情。

就像很多伟大的诗人一样，李白为一般读者所熟知的也只有少数几篇作品。但是李白的其他诗作确实也值得全面研究，因为只有将其所有诗作视为一个整体，才能充分理解其中经典和杰出的作品。但一个不可回避的事实是，李白的大量诗作是在宴会或其他社交场合中与朋友的赠答唱酬之作。它们遵循既定的程式，在大多数情况下可以由当时任何一位训练有素的诗人写就。在他最著名的诗作中，还有一些是为应制而作。但我认为它们之所以声名显著，更多的是有赖于后世关于它们写作背景的传说而非它们自身的内在价值，因此我并未试图对其进行论述。

有一种诗歌题材李白从未尝试过，那就是田园诗。在他的作品中没有农家庭院里的生活场景，没有田园诗般的在黄昏中吹着笛子的牧童，也没有快活的樵夫或富有哲思的渔夫。最吸引他的永远是大自然的野性：广袤无人的旷野、飞流而下的瀑布、人迹罕至的山岭和荒凉寥落的峡谷。

注　释

① 见李白《鲁郡东石门送杜二甫》。
② 见李白《沙丘城下寄杜甫》。
③ 见杜甫《梦李白二首（其一）》。
④ 归德，即今河南省商丘市。商丘县，清代属归德府，府县同城，1913年，中华民国政府撤销归德府。
⑤ 《河岳英灵集》是唐代殷璠编选的专收盛唐诗的唐诗选本。书中自序说："粤若王维、王昌龄、储光羲等二十四人，皆河岳英灵也，此集便以《河岳英灵》为号。"此集录李白诗十三首，即《战城南》《远别离》《野田黄雀行》《蜀道难》《行路难》《梦游天姥吟留别》《忆旧游寄谯郡元参军》《咏怀》《酬中都小吏携斗酒双鱼于逆旅见赠》《山中答俗人》《古意》《将进酒》《乌栖曲》。
⑥ 此处有韦利自注曰："桑干河从西向东流经山西和河北北部，位于长城以北。"
⑦ 此处有韦利自注曰："葱河即喀什噶尔河，在突厥斯坦。"译者注：喀什噶尔河是位于中国新疆塔里木盆地西部的一条内流河，发源于帕米尔与北部天山支脉阿里山。
⑧ 此处有韦利自注曰："本句引自《道德经》。"译者注，《道德经》有云，"兵者不祥之器，非君子之器，不得已而用之。"
⑨ 天宝十载（751）四月，剑南节度使鲜于仲通帅兵讨南诏，大败于泸南（今云南省楚雄彝族自治州姚安县）。南诏王阁罗凤闻唐军来伐，遣使谢罪，并请还天宝九载（750）所俘掠唐之人物，并修复云南（今云南省大理白族自治州祥云县）城仍归于唐。鲜于仲通不允，且囚禁其使者。进军至西洱河（今云南省大理白族自治洱海），与阁罗凤所帅南诏军战，唐军大败，战死者六万余人，大将王天运战死，鲜于仲通仅以身免。
⑩ 此战即著名的怛罗斯之战，是天宝十载（751）7—8月高仙芝率领的安西

都护府的军队与阿拉伯帝国的穆斯林、中亚诸国联军在怛罗斯相遇而导致的一场遭遇战。战场在葱岭（今帕米尔高原）以北，具体位置尚未完全确定。怛罗斯城得名于塔拉斯河，在今哈萨克斯坦塔拉兹市西约18公里。这是阿拉伯人与大唐几次边境冲突中唯一一次打败安西都护府的军队。

⑪ 此处有韦利自注曰："泸水在长江上游。"

⑫ 见李白《古风（其三十四）》。

⑬ 葛逻禄，亦称葛罗禄、卡尔鲁克等，是6—13世纪中亚的一个操突厥语的游牧部落，为铁勒人诸部之一，地处北庭西北，金山（今阿尔泰山）之西，与车鼻部接。葛逻禄人最早游牧于阿尔泰山南部，即新疆北部的草原，8世纪中叶迁徙至锡尔河流域、七河流域、伊犁河河谷与费尔干纳盆地，苏坎特、白水胡城、怛罗斯成为了他们的活动中心，另有一部分分布在伽色尼、巴尔赫与吐火罗斯坦地区。

⑭ 库车，古称龟兹，现为新疆维吾尔自治区阿克苏地区辖县级市，位于天山南麓中部、塔里木盆地北缘。唐贞观十四年（640），唐朝置安西都护府于交河城，显庆三年（658），治所移至龟兹，龟兹仍为西域政治、经济、文化中心。唐高宗时，设龟兹都督府，以龟兹王为都督。

⑮ 春秋时期吴国都有东、西二宫，汉代袁康《越绝书》有载："西宫在长秋，周一里二十六步，秦始皇帝十一年，守宫者照燕，失火烧之。"后以"吴宫燕"比喻无辜受害者。

⑯ 阴铿《蜀道难》："王尊奉汉朝，灵关不惮遥。高岷长有雪，阴栈屡经烧。轮摧九折路，骑阻七星桥。蜀道难如此，功名讵要。"

⑰ 此处有韦利自注曰："这五个壮士是由蜀王（蜀是四川的旧称）派来接秦王的五个女儿的。我们可以假设他们经过长江和汉江，并在试图从陆路返回时死亡。"译者注，"五丁开山"之典，见《华阳国志》《蜀王本纪》《水经注》等书。

⑱ 此处有韦利自注曰："锦城即四川的首府成都。"

⑲ 艾米莉·狄金森（Emily Dickinson，1830—1886），美国传奇诗人，被视为二十世纪现代主义诗歌的先驱之一。狄金森的诗主要写生活情趣、自然、生命、信仰、友谊、爱情。诗风凝练婉约、意象清新，描绘真切、

精微，思想深沉、凝聚力强，极富独创性。
⑳ 见艾米莉 Exultation is the going（即《欢欣鼓舞》）。
㉑ 此处有韦利自注曰："剡溪全程处于浙江北部。"
㉒ 此处有韦利自注曰："谢灵运（385—433）是一位著名的登山客，发明了一种特殊的登山鞋。"
㉓ 此诗在《河岳英灵集》题作《梦游天姥山别东鲁诸公》，《李太白全集》题作《梦游天姥吟留别》。
㉔ 即"庄周梦蝶"，典出《庄子·齐物论》："昔者庄周梦为胡蝶，栩栩然胡蝶也，自喻适志与！不知周也。俄然觉，则蘧蘧然周也。不知周之梦为胡蝶与，胡蝶之梦为周与？周与胡蝶，则必有分矣。此之谓物化。"
㉕ 即"海底生桑"，典出东晋《神仙传·王远》："麻姑自说云：'接待以来，已见东海三为桑田。向到蓬莱，水又浅于往者会时略半也。岂将复还为陵陆乎？'方平笑曰：'圣人皆言，海中复扬尘也。'"
㉖ 即"青门种瓜"，典出《史记·萧相国世家》："召平者，故秦东陵侯。秦破，为布衣，贫，种瓜于长安城东，瓜美，故世俗谓之'东陵瓜'，从召平以为名也。"
㉗ 此诗在《河岳英灵集》题作《咏怀》，《李太白全集》题作《古风（其九）》。
㉘ 此处有韦利自注曰："唐朝时期的山东是指整个中国东北部，包括现在的山东省。"
㉙ 此诗在《河岳英灵集》题作《酬东都小吏携斗酒双鱼见赠》，《李太白全集》题作《酬中都小吏携酒双鱼于逆旅见赠》，文字亦稍有不同。
㉚ 此诗在《李太白全集》题为《山中问答》，文字亦稍有不同。
㉛ 即《古意》一诗，此诗在《李太白全集》题作《南陵别儿童入京》，文字亦稍有不同。
㉜ 此处有韦利自注曰："这首诗在敦煌卷子第42号中名为《惜樽空》。"
㉝ 这首《将进酒》见录于《乐府诗集》："将进酒，乘大白。辨加哉，诗审搏。放故歌，心所作。同阴气，诗悉索。使禹良工，观者苦。"
㉞ 此处有韦利自注曰："此事在232年。"
㉟ 《河岳英灵集》所录《将进酒》与《李太白全集》所录文本稍有差异。

㊱ 清代王琦注此诗曰:"岑夫子,即集中所称岑徵君是。"李白有《鸣皋歌送岑徵君》《送岑徵君归鸣皋山》《酬岑勋见寻就元丹丘对酒相待以诗见招》等诗。

㊲ 元丹丘是李白二十岁左右在蜀中认识的道友,曾与李白一起在河南嵩山隐居。李白有《元丹丘歌》《西岳云台歌送丹丘子》《以诗代书答元丹丘》等诗。

㊳ 李白《唐汉东紫阳先生碑铭》有云:"天宝初,威仪元丹丘,道门龙凤,厚礼致屈,传箓于嵩山。"

㊴ 即李白《题元丹丘山居》。

第四章　全面的知识与模糊的经历

李白与佛教

李白离开京城后的一段时间，其境遇对一位文人来说尤不顺遂。745年成为宰相的李林甫，在753年去世之前，几乎拥有绝对的权力，但"自无学术，仅能秉笔，有才名于时者尤忌之"[1]。在这种情况下，李白一定知道再去京城谋一个职位是没有什么可能的。事实上，直到李林甫死后几年，他才有了再次进京的打算。在中国历史上的某些时期，当权者的政敌只是被驱逐；但在李林甫治下，他们被以这样或那样的莫须有的罪名判处死刑，并被特使当场杀害。这就是当时一位知名作家李邕（678—747）的命运[2]，他也是李白和杜甫的好朋友。李邕是为《文选》评注树立了典范的大学者李善之子，《文选》这本文学选集几乎囊括了所有参加科举考试的举子希望知道的内容。有一个故事是这么说的：当父亲李善邀请他评价自己的《文选》注时，李邕对其进行了一些补充以附事见义。李善之注"忘意"而"释事"，也就是仅仅解释了历史、地理的典故与个别词汇和语言的细节。身为父亲的李善不愿意在自己这部名扬天下的著作中做出根本改变，也不愿将儿子李邕的补注作为单行本面世。和李邕的很多作品一样，这本书也没能流传下来[3]。李邕特别擅长撰写各种墓志和铭文。除了俗世中的政要，还有佛教和道教寺观付给他巨额报酬让他从事这类工作,据说他通过"鬻文"赚的钱比此前任何一个文人都要多④。

746年,李林甫声称发现了一个废黜皇帝、拥立太子的阴谋⑤。碰巧李邕曾把一匹马送给其中一位嫌疑人。于是他被指控试图贿赂此人(此人乃太子良娣杜氏的姐夫),让他对自己参与阴谋之事保持沉默,最终李邕被判处死刑⑥。747年,刽子手们来到李邕任太守的北海(今山东益都⑦),当场处决了李邕。几年后(可能是在752年李林甫去世之后),李白在一首诗中谈到了李邕的高贵和勇敢。"君不见李北海,英风豪气今何在?……少年早欲五湖去,见此弥将钟鼎疏。"⑧再后来(可能是在759年),李白在李邕曾经居住过的武昌修静寺写下了这首诗:

> 我家北海宅⑨,作寺南江滨。
> 空庭无玉树,高殿坐幽人。
> 书带留青草⑩,琴堂幂素尘。
> 平生种桃李,寂灭不成春。⑪

像李邕一样,李白也为佛家寺院写过碑文。他可能比李邕写得还要多,毕竟大量此类作品一定会在845年夏秋被毁,当时中国的寺庙数量急剧减少⑫。由于他唯一一篇注明了日期的佛教文学作品写于749年夏,因此在讨论了他与道教的关系之后,不妨再谈谈他对佛教的态度。他作于744年的《地藏菩萨赞》,前文已然提及。在他其余有关佛教的作品中,有一首哀悼某位已逝僧侣的挽歌⑬,一篇写给某寺寺钟的铭文⑭,一篇为某位已故僧人写的祭文[15],一篇为描绘西方净土之画而作的题词,这幅画有传说中的侧面布景且图金绘银,是一位姓秦的夫人为纪念其亡夫而作[16]。毫无疑问,这些都是有报酬的工作。而730年,他与原配妻子在安陆一起生活时写的一首诗则属于另一类。这首诗有一个很长的标题——《安州般若寺水阁纳凉,喜遇薛员外乂》。这首诗只有十几行,但充满对佛经的引用,表明李白在他创作生涯的早期一定花了相当多的时间研究佛教。这一点在他的另一首诗中得到了证实,李白诗中说在登上泰山并皈依道教之前,他"昔在朗陵东,学禅白眉空"[17]("禅"是一种佛教的冥想方式),朗陵在河南南部的汝宁附近。这首诗是写给一位名叫道崖的和尚的,李白在诗中声称自己"大地了镜彻,回旋寄轮风",也就是说,他达到了被称为"风轮三昧"的禅定境界[18],在这一阶段,不受束缚的心灵可以在空间中随意漫游。现在,他用隐喻和暗示的方式恳求他的僧侣朋友把道教和佛教结合起来,和他一起踏上前往极乐天国的旅程。

上文提及的佛教颂文是749年夏他在山东居所附近的兖州写的[19]。虽然这是一个纪念佛教僧侣的碑文,但它主要与道教有关,而且与道教的一个特定方面,即炼丹术[编者注:原文为"alchemy"(炼金术),本书中译作"炼丹术"]有关。的确,是炼丹术士孙太冲为李白找到了创制这篇颂文的工作[20],而这无疑是一份报酬丰厚的工作。在朝廷中,僧侣和道士为了得到皇上的宠信而展开了激烈的竞争,双方的冲突持续不断;但在地方上,他们似乎相处甚好,至少李白显然没有感受到二者的不和谐,他在颂文中甚至用了一部分篇幅来赞颂炼丹术士孙太冲。

李白与炼丹术

李白可能是几年前在长安第一次见到孙太冲,因为我们可以得知,744年孙太冲正在京城。他是一位声名卓著的炼丹术士,声称可以不使用任何常见的炼丹原料就能制造出长生不老药。鉴于自前1世纪以来,中国的炼丹术士一直未能从客观物质中制造出有效的长生不老药,那么在我们看来,孙氏这种公开宣布他的长生不老药是在道家神"太一"(即至高无上的混沌元气)的帮助下"自成还丹"的作法似乎是轻率的[21]。但是,因为其时尚不存在能够让人长生不死的丹药,所以人们对长生不死药的兴趣只能通过相关宣传和展示技巧的改善来激发。如果孙氏像其他数以百计的道士一样只是宣称研制出长生不老药,那么就不会引起人们的注意。但在744年,当孙太冲宣布他可以制造"天然长生不老药"时,河南尹将这一消息转达给了宰相李林甫[22],李林甫由作为皇帝私人代表的太监陪同前往孙氏在嵩山(河南洛阳附近)的隐居处调查此事。他给皇上所写的表章由以擅写表章、文笔精妙而闻名的中书舍人孙逖代写并留存至今[23]。孙逖在表中说:"其灶中著水,置炭于灶侧,对三却回,已经数月。泥拭既密,缄封并全,即与县官等对开门。其炭并尽,灰又别聚,不动人力,其药已成。初乃五色发瑞,终则太阳晖于炉际。"[24]这位炼丹术士奉命将这个燃烧着的物体献至长安。作为对他实验成功的奖励,皇帝赐予他一份水利部门的虚职[25]。根据李白的说法,皇帝吞下这颗发光的药丸之后就达到了"服享万寿,与天同休"的境界[26]。

猜测孙太冲怎样创造这样的奇迹是毫无意义的。人们常说炼丹术是化学的摇篮。因此很明显，孙氏在他研究炼丹术的过程中，发现或制造了一些能够发出磷光的物质[27]。他一定还发明了一种技术，可以在不留任何痕迹的情况下破坏和更换药匣的封条。

在这种情况下，炼丹术士的地位比表面上看起来要高得多。只要他们的主顾还活着，那么就无人能断言实验失败；如果主顾死了，炼丹术士总是会说他们通过性行为或其他身体上的过度行为来抵消长生不老药的影响。然而，炼丹术士有时也会遇到麻烦。例如820年，当唐宪宗突然去世时，为他提供长生不老药的炼丹术士柳泌便遭受了鞭刑并被处决。孙氏的长生不老药是李白的朋友送给玄宗皇帝的，虽然这并没有使他长生不老，但无论如何也没有使他受到伤害，因为他身强体健地生活了约二十年，并最终死于大约77岁之时（762年）。

据我所知，李白是第一个熟悉炼丹术及其专业术语，并为这一主题创作出完整诗作的中国诗人；早期的诗人只是偶尔提到对长生不老药的追求，认为这是道家隐士的梦想。李白的炼丹术知识主要是基于《参同契》一书，此书可以追溯到500年或更早[28]，但据推测可以追溯到2世纪左右（从其所用的押韵系统判断这一推测是正确的），是东西方现存最早的炼丹术专著[29]。它主要用《易经》[30]中的术语和概念来讨论炼丹术，从而将炼丹术纳入儒家研究的范围。据目前所知，李白是第一个引用《易经》的中国作家。自此之后，这本书不仅成为那些希望优雅而含糊地提及炼丹术的诗人的备用工具，也是12世纪新儒学宇宙观的基础之一[31]。李白的诗《草创大还赠柳官迪》实际上是对《参同契》主要内容的总结（除了结语部分）。李白在诗中首先描述了遍及宇宙的太极之气。他说异性的结合是自然法则；实施炼丹术的过程（本质上也是由这种结合构成的）就像日光和月光交替出没一样，是自然的一部分。在"姹女乘河车（河即银河），黄金充辕轭"[32]之后，他又引入了一些生动的炼丹术术语——朱鸟（代表火）、白虎（代表金属和西方），随后宣布"与道本无隔"的长生不老药已经赫然齐备。他继续说，现在一切都在行家的掌握之中："白日可抚弄，清都在咫尺"：

北酆落死名，南斗上生籍。

诗人随后声称，在他看来，自己也应该被视为"术士"。李白说如果他愿意的话，以他的天才可以很容易地在当前的公共事务中扮演一个引人瞩目的角色，他却故意以轻蔑的态度抛弃了这样的职业。他邀请他的朋友柳官迪放弃在长安开创事业的一切想法，和他一起"鸾车速风电，龙骑无鞭策"，前往九天之上玉皇大帝的仙宫。

我认为在这样的段落中，李白不仅仅是在向一个虚幻的神话致敬。他所阐释的是探索早期道家哲学家所说的"游"（旅行，流浪）[33]，这是一种精神上的旅行，而不是身体上的旅行。这首诗的目的似乎首先是用一幅炼丹术的浪漫画面让他的朋友眼花缭乱，然后暗示，与李白这样（像魔法师一样的炼丹术士）的伴侣一起追求道家的光明前途，远比在动荡的公共生活舞台上争权夺利好得多。李白的作品中有许多提及炼丹术之处,但唯一一首专门描写炼丹术的作品是他为位于开封附近的雍丘县县令崔氏的炼丹炉撰写的诗铭[34]。要理解这首诗,我们必须知道以下这个故事:"俗说孝明帝时,尚书郎河东王乔迁为叶令,乔有神术,每月朔常诣台朝。帝怪其来数而无车骑,密令太史候望。言其临至时,常有双凫从东南飞来。因伏伺,见凫举罗,但得一双舄耳。使尚方识视,四年中所赐尚书官属履也。"[35]我只能用散文的形式来阐释李白的题词:"当一个品德高尚的人被委以一个地区的政府首脑时,他把一切公务置之脑后。但无论他是花时间服食药物还是求仙问道,他所统治的地方依然万事顺遂。这里的长官已经将他的炼丹炉封闭好了,很可能是和长生不老的赤松子一起去了瀛洲仙境。他从先师那里领受了秘密的训诲;神灵与他并肩同在。圣人啊,不要担心!你的炉火不需要照料。不过,你确实不能只是一个炼丹术士;因为长生不老药只能使那些吞下它的人长出翅膀。而你要让那两只大雁为你带来什么奇迹呢?"

李白当然是礼貌地将雍丘县县令崔氏比作叶县县令王乔。毕竟在儒学盛行的时代,没有哪个官员会认为承认自己喜欢炼丹术是明智的[36]。但是这一时期,儒家的影响处于低潮,道教在当时实际上已经成为中国的国教。

李白与魏颢、晁衡、任华等人的交往

李白在749年至754年间的活动日程表是模糊的。753年,他又来到距山东160英里左右的开封附近。我们发现,在753年秋,他没有回家,而是去了宣州(现安徽省宁国市),并且计划和画僧会公到附近的山上远足[37]。接下来,他明显在回家的路上经过了开封东北的曹州;但随后他似乎转向了南方,754年春,我们在南京发现了他的踪迹。晚春时节,他在扬州遇到了魏颢,这是一位对他本人及其作品了解颇深的朋友。

关于魏颢本人,人们所知甚少。大约在几年前,著名诗人李颀在魏颢前往长安之时曾为他赋诗一首[38]。魏颢在扬州与李白相遇之时,已在河南和山西交界处的王屋山隐居了一段时间。似乎在753年,魏颢开始了一次颇为曲折的旅行,其目的至少在某种程度上是寻求赞助,李白说他:"徒干五诸侯,不致百金产。"[39]接着,李白邀请魏颢和他一起去南京,并表示会在那里将他介绍给"好与山公群"的江宁县县令杨利物。据说魏颢出山后,先到山东,在山东见到了李白之子李伯禽。然后他去了杭州、绍兴并去了温州(走的是海路),一路向南行进将近200英里。之后,他从陆路回到东吴地区,最后来到扬州,正如我们所知,754年春,他在扬州与李白相遇。他与崔宗之一样,立刻被诗人的眼神打动了:"眸子炯然,哆如饿虎,或时束带(也就是当李白盛装打扮的时候),风流酝籍。曾受道箓于齐,有青绮冠帔一副。[40]……间携昭阳、金陵之妓,……骏马美妾,所适二千石郊迎,饮数斗,醉则奴丹砂抚青海波(读过《源氏物语》的读者会记得,这是源氏在第七章跳舞时所用的曲调)[41]。满堂不乐,白宰酒则乐。颢生平自负,人或为狂,白相见泯合,有赠之作,谓余:'尔后必著大名于天下,无忘老夫与明月奴(明月奴可能是李白之子李伯禽的小名)。'因尽出其文,命颢为集。颢今登第,岂符言

耶？"㊷

魏颢就这样成了李白在文学领域的经纪人。至于他如何履行这项委托，我们后面再谈。值得注意的是，他们两人都对对方独特的衣着很感兴趣。李白告诉我们，魏颢"身着日本裘"㊸。他在注释中补充说："裘则朝卿所赠，日本布为之。"喜欢日本版画的人会记得，日本著名艺术家葛饰北斋（1760—1849）的《诗人和歌手的镜像肖像》系列画作上，一个穿着日本服装的男人和另外三个穿着中国服装的人坐在阳台上仰望月亮。这个人就是晁衡，在日本被称为阿倍仲麻吕。716年，他和另一个名叫吉备真备的少年被从日本送到中国留学。吉备真备在那里待了19年，于735年回到日本，为日本带去了中国文化各个领域的相关典籍，尤为重要的是关于中国音乐和舞蹈的知识。阿倍仲麻吕则留在了中国，在门下省获得了相当高的职位（九品官位中的第七品），后来成为皇家图书馆的典籍校勘员。㊹他是太子（皇帝的第二个儿子）的"朋友"（即仪王友），并与许多文人有所交游，如王维（699—759）、储光羲（700—760）、包佶和赵骅。㊺753年，晁衡获准返回日本，在明州（今宁波）登船。据说是在明州的践行宴上，他创作了那首被收录在《古今和歌集》里的著名和歌：

　　　　の原、ふりさけ見れば、春日なる
　　　　三笠の山に出でし月かも
　　　　翘首望长天，神驰奈良边；
　　　　三笠山顶上，想又皎月圆。㊻

奇怪的是，他幼年离开日本并在中国生活了一辈子，但是竟然在这样的场合创作了一首日文诗——甚至还是一首在日本被视为杰作的诗（我承认这是我莫名其妙的想法）。也有一种可能，这首诗本是用中文写的，日文版的作者则另有其人。

就像在当时经常发生（并且直至19世纪仍然如此）的那样，他的船被风暴吹离了航线。阿倍仲麻吕最终在越南北部而非日本登陆。在那里待了一段时间后，他又回到了中国，并于760—761年被任命为镇南都护。后来，他回到首都长安成了御史中丞（正四品下），并被授予爵位，于770年初去世，享年70岁[47]。有一段时间，中国人显然都相信阿倍仲麻吕已经葬身大海，李白写了一首诗来哀悼他的命运：

日本晁卿辞帝都，征帆一片绕蓬壶。
明月不归沉碧海，白云愁色满苍梧。[48]

从"明月"的典故来看，李白似乎知道了阿倍仲麻吕临行时所写的诗；事实上，阿倍仲麻吕确实是根据日本的传统，为了便于他的中国朋友理解才对此诗进行了翻译。

大约就在此时，一位名叫任华的失意诗人给李白写了一封信。这是为数不多能让我们在当时的视野下对李白有所认知的文本之一，我将它的大部分内容翻译如下："古来文章有能奔逸气，耸高格。清人心神，惊人魂魄。我闻当今有李白，《大猎赋》，鸿猷文，嗤长卿，笑子云。班张所作琐细不入耳[49]，未知卿云得在嗤笑限。登庐山，观瀑布，海风吹不断，江月照还空。

余爱此两句:登天台,望渤海,云垂大鹏飞,山压巨鳌背,斯言亦好在。[50]至于他作多不拘常律,振摆超腾,既俊且逸。或醉中操纸,或兴来走笔。手下忽然片云飞,眼前划见孤峰出。而我有时白日忽欲睡,睡觉欻然起攘臂[51]。任生知有君,君也知有任生未?中间闻道在长安,及余庆止。君已江东访元丹,邂逅不得见君面。每常把酒,向东望良久。"[52]

这首诗接下来是对李白宫廷生涯的叙述,这与我们从其他来源了解到的情况基本一致——他从皇帝的马厩里得到一匹马;他的新作被每个人津津乐道;皇帝无数次召他伴驾,他出宫回家时仍然半醉半醒;然后对手开始嫉妒他,他被诽谤并被赶出朝廷;在浙江(任华没有提及李白的北上之旅),当地的权贵们争先恐后地向他致敬,为了能有幸认识他,他们不惜付出百两黄金。但他真正的朋友是河流、山峦、云朵和月光。甚至有传言说,他曾经到过东海上的仙岛,在那里与最著名的神仙为伴。[53]任华最后说,他一直想去拜访李白,但无奈"江湖拥隔劳寸心";然而今天早晨一个机会出现了,因此他把此信委托给一位东行之人,"倘能报我一片言,但访任华有人识"。

任华大约生活在 715 年到 780 年,主要因其写给名人的一系列信件而为人所知。[54]他是一个不成功的诗人,晚年变得极其痛苦和反复无常,甚至略显疯癫。他曾任秘书省校书郎,也曾在广西桂州刺史手下任职。但他似乎大部分时间都浪迹于长安,试图寻找一份工作。在他写给著名诗人杜甫的信(大约作于 761 年到 765 年)中,他说:"而我不飞不鸣亦可以,只待朝廷有知己。已曾读却无限书,拙诗一句两句在人耳。如今看之总无益,又不能崎岖傍朝市。且当事耕稼,岂得便徒尔。……此时幽旷无人知,火急将书凭驿使,为报杜拾遗。"㉟他可能也给杜甫的赞助人严武(726—765)写过同样的信,严武对任华寄给他的几篇赋说了一些客气话,并尝试为他在太仆寺找一份工作。㊱任华却说:"华也不才,皆非所望,然公之相待,何前紧而后慢若是耶?岂华才减于前日,而公之恩遇薄于兹辰?"㊲另一位杰出的政治家庚准(732—782)也曾答应为他做点什么,因此任华去信问他:"况自蒙见许,已经旬日,客舍倾听,寂寞无声,公岂事繁遗忘耶?当不至遗忘,以为间事耶?"㊳还有一封写给京兆尹贾至(718—772,770年任京兆尹)的书信也绝对堪称疯狂。因为京兆尹贾至拒绝了他的晚宴邀请,所以任华认为,贾至现在觉得与文学界的老熟人交往有失尊严,因此他对贾至的"傲慢无礼"进行了大肆攻击,(任华说)贾至的傲慢已经成为城中热议的话题。㊴

给李白的那封信是任华年轻时写的。作为一位诗人,任华此时已经有了一些名气,可能还有一份稳定的工作。这封信的语气与后来那些日益尖刻和愤怒的信件截然不同。任华在后面的几封信中稍微提及到一点,即当前出现了对李白诗歌的过高评价,他质疑这些评价的可接受度。他实际上是在对李白说:"你可能被高估了,但我还是很喜欢你的一些诗句。"我认为,从这篇文章中可以看出人们对李白盛名的潜在嫉妒,以及想把他拉低至自己的位置上的怨望。我们不知道李白是否收到过这封信,就算收到了,又是否曾有过回信。

任华没有提及的是,他和李白之间存在着一些奇怪的联系,他们二人在早年间都曾经写过与明堂有关的赋。其次,他

第四章 全面的知识与模糊的经历 | 063

们都是怀素和尚的朋友,怀素注定要成为那个时代最伟大的书法家,李白和任华都为他写过长诗。怀素显然不是一个虔诚的佛教徒,因为李、任二人都说他在开始创作之前要大量饮酒,而佛教是明令禁止教徒饮酒的[60]。其书法作品摹本的摹本以及其他黯淡无光的复制本仍然留存至今,这些是写在纸上或丝帛上的文学文本。在怀素的代表作中,具有装饰性的巨大的书法有时有好几英尺高,但如今踪迹全无[61]。这些书法作品以草书的形式写就,而以闪电般的速度书写这些作品则必然需要极其敏捷。据说,怀素有一位前辈,其书法技术的灵感来自两组相对而立、用木杆追逐打闹的担夫的手部动作,后来他又观看了8世纪初最伟大的舞蹈家公孙大娘表演的初始流畅而忽然顿挫的浑脱舞[62];你完全可以想象这种书法创作是一项与舞蹈密切相关的肢体活动。任华把怀素笔下的字比作在大海中猛冲的巨鲸,在深草中呼啸的蛇,突然被龙卷风刮来的、在屋檐上拍打着的雨;又或者是挂在一千英尺高处,扫过深潭秋水的枯萎的攀缘植物。有时,他的笔画就像细丝在风中飘摇,每一刻都仿佛要破碎,却永远不会破碎。[63]抑或是"又如瀚海日暮愁阴浓,忽然跃出千黑龙"。任华在结尾处特意提醒怀素,无论他有多么高妙的艺术技巧,除非他依附于一个强大的赞助人,否则他将一事无成。[64]

李白的《草书歌行》一诗也是歌颂怀素的,但它的语气要轻巧得多,篇幅也短小得多。在描述他的书法时,李白使用了许多与怀素笔意相同的意象(他们确实是一些比较陈旧的比喻),但增加了古战场上战士相争的意象。[65]李白最后说,这位年轻的僧人是一个天生的书法家，他并不需要公孙大娘的教导。⑪

注　释

① 见《旧唐书·李林甫传》："林甫恃其早达，舆马被服，颇极鲜华。自无学术，仅能秉笔，有才名于时者尤忌之。"
② 李邕（678—747），字泰和，唐朝大臣、书法家，文选学士李善之子。交好宰相李适之，为中书令李林甫构陷，含冤杖死，时年七十。唐代宗即位，追赠秘书监。
③ 韦利所述与《新唐书·李邕传》所载略有出入，《新唐书》云："始善注《文选》，释事而忘意。书成以问邕，邕不敢对，善诘之，邕意欲有所更，善曰：'试为我补益之。'邕附事见义，善以其不可夺，故两书并行。"
④ 《新唐书·李邕传》有载："初，邕早擅才名，尤长碑颂。虽贬职在外，中朝衣冠及天下寺观，多赍持金帛，往求其文。前后所制，凡数百首，受纳馈遗，亦至钜万。时议以为自古鬻文获财，未有如邕者。"
⑤ 天宝五载（746），李林甫诬陷刑部尚书韦坚与河西、陇右节度使皇甫惟明谋立太子为帝，遭贬逐。韦坚亲党流贬者数十人。坚，太子妃兄。事见两唐书李林甫、韦坚、皇甫惟明等人本传。
⑥ 事见《新唐书·李邕传》："天宝中，左骁卫兵曹参军柳勣有罪下狱，邕尝遗勣马，故吉温使引邕尝以休咎相语，阴赂遗。宰相李林甫素忌邕，因傅以罪。诏刑部员外郎祁顺之、监察御史罗希奭就郡杖杀之，时年七十。"柳勣因与岳父杜有邻不合，因此向李林甫诬告杜有邻"妄称图谶，交构东宫，指斥乘舆"，李林甫借题发挥，大兴冤案，李邕受到牵连。
⑦ 益都，其时为北海郡治，今山东省青州市。
⑧ 见李白《答王十二寒夜独酌有怀》。
⑨ 此处有韦利自注曰："这个'家'与李白的关系应该十分遥远了。"
⑩ 此处有韦利自注曰："这是说树叶像捆住书皮的带子。"译者注，李白此处用郑玄之典，《三齐记》有云，"郑玄教授于不期山，山下生草大如薤，叶长一尺余，坚刃异常，士人名曰'康成书带'。"

⑪ 此即李白《题江夏修静寺》,诗题下有自注:"此寺是李北海旧宅。"
⑫ 845年为唐武宗会昌五年。从这一年开始,武宗推行了一系列"灭佛"政策,史称"会昌毁佛"或"武宗灭佛"。
⑬ 即李白《鲁郡叶和尚赞》。
⑭ 即李白《化城寺大钟铭》。
⑮ 即李白《为窦氏小师祭璿和尚文》。
⑯ 即李白《金银泥画西方净土变相赞并序》。
⑰ 见李白《赠僧崖公》。
⑱ 《法苑珠林》有云:"……《智度论》云:'三千大千世界,皆依风轮为基。'"
⑲ 此即李白《崇明寺佛顶尊胜陀罗尼幢颂》一文,其开篇有云"鲁郡崇明寺",鲁郡即兖州旧称。
⑳ 孙太冲,唐玄宗时著名道士,隐居于嵩山,天宝三载(744)曾献丹于玄宗。李白在此颂中有云:"(孙太冲)乃谓白曰:'昔王文考观艺于鲁,骋雄辞于灵光;陆佐公知名在吴,铭双阙于盘石。吾子盍可美盛德,扬中和?'恭承话言,敢不惟命?"可知此颂乃李白应孙太冲之命所作。
㉑ 见李白《崇明寺佛顶尊胜陀罗尼幢颂》。
㉒ 《册府元龟》有云:"孙太冲,隐于嵩山。玄宗天宝三载,河南尹裴敦复上书言:'太冲于嵩山合炼金丹,自成于灶中,精华特异,变化非常,请宣付史官,颁示天下以彰灵瑞仙圣之应。'从之。"
㉓ 此处有韦利自注曰:"孙逖于761或762年去世,高龄而逝。"
㉔ 见孙逖《为宰相贺中岳合炼药自成兼有瑞云见表》。
㉕ 孙太冲因献丹有功被封为"都水使者"。《旧唐书·百官志》:"都水监:使者二人,正五品上……使者掌川泽津梁之政令,总舟楫、河渠二署之官属,凡虞衡之采捕,渠堰陂池之坏决,水田斗门灌溉,皆行其政令。"
㉖ 见李白《崇明寺佛顶尊胜陀罗尼幢颂》。
㉗ 此处有韦利自注曰:"可能是一种能发出磷光的硫化钙物质。"
㉘ 此处有韦利自注曰:"参见于江淹(444—504)所作的一首诗,《古诗纪》第八十五卷第九首。"译者注,此即江淹《赠炼丹法和殷长史诗》一诗。

㉙《参同契》又名《周易参同契》，东汉魏伯阳著。魏伯阳，生卒年不详，东汉会稽上虞（今浙江上虞）人，号云牙子，著名炼丹家。

㉚此处有韦利自注曰："参见韦利《远东文物博物馆简讯》，斯德哥尔摩，1934年版。"

㉛"12世纪新儒学"即两宋理学。

㉜本句及下文所引"与道本无隔""白日可抚弄，清都在咫尺""北酆落死名，南斗上生籍""鸾车速风电，龙骑无鞭策"等句均见李白《草创大还赠柳官迪》一诗。

㉝此处有韦利自注曰："参见韦利《古代中国的三种思维方式》第61页。"

㉞此即李白《题雍丘崔明府丹灶》一诗："美人为政本忘机，服药求仙事不违。叶县已泥丹灶毕，瀛洲当伴赤松归。先师有诀神将助，大圣无心火自飞。九转但能生羽翼，双凫忽去定何依。"

㉟此事见于东汉应劭所著《风俗通》。

㊱此处有韦利自注曰："然而值得注意的是，即使是最伟大的儒家思想家朱熹（死于1200年）也为《参同契》写过一篇评注，但他使用的是自己的道教笔名'邹䜣'。"

㊲见李白《自梁园至敬亭山见会公谈陵阳山水兼期同游因有此赠》。

㊳即李颀《送魏万之京》一诗，魏颢原名魏万。

㊴本句与下文所引"好与山公群"同见于李白《送王屋山人魏万还王屋》一诗，李白在诗序中说："王屋山人魏万，云自嵩宋沿吴相访，数千里不遇。乘兴游台越，经永嘉，观谢公石门，后于广陵相见。美其爱文好古，浪迹方外，因述其行，而赠是诗。"

㊵此处有韦利自注曰："这是进行道教修行的装扮。"

㊶"青海波"原为大唐燕乐，后传入日本，平安时期尤为盛行。

㊷见魏颢《李翰林集序》。

㊸见李白《送王屋山人魏万还王屋》。

㊹开元十九年（731）阿倍仲麻吕被擢升为门下省左补阙（从七品上），职掌供俸、讽谏、扈从、乘舆等事。在此之前的开元十三年（725），他曾任左春坊司经局校书（正九品下），负责典籍整理。此处有韦利自注曰：

"白居易曾在802—805年担任这一职位。"

㊺ 包佶（？—792），唐代大臣、诗人。赵骅，一作"赵晔"，唐代大臣。

㊻ 此诗名为《望月望乡》，又被译为《望乡诗》《明州望月》等。

㊼ "安史之乱"爆发后，阿倍仲麻吕随唐玄宗避难蜀中，后又随其返回长安，深得肃宗及代宗信任，历任左散骑常侍、安南都护、安南节度使等要职，最后官至光禄大夫兼御史中丞，被封北海郡开国公。大历五年正月，阿倍仲麻吕在长安辞世并安葬于此，时年72岁。此处有韦利自注曰："关于阿倍仲麻吕的叙述主要是依据尾崎雅嘉（1755—1827）所编撰的《百人一首一夕话》。"

㊽ 即李白《哭晁卿衡》。

㊾ 此处有韦利自注曰："这里提及的司马相如、扬雄、班固、张衡都是汉代（前2世纪至2世纪）最伟大的作家的名字。"

㊿ 此处有韦利自注曰："这几句诗出自李白《天台晓望》。诗中巨龟的背上驮着东方的仙岛。"译者注，《天台晓望》原诗为："云垂大鹏翻，波动巨鳌没。"与任华所引有别。

㉑ 此处有韦利自注曰："'攘臂'也就是指去工作。"

㉒ 见任华《寄李白》。

㉓ 即任华《寄李白》中所说："见说往年在翰林，胸中矛戟何森森。新诗传在宫人口，佳句不离明主心。身骑天马多意气，目送飞鸿对豪贵。承恩召入凡几回，待诏归来仍半醉。权臣妒盛名，群犬多吠声。……且向东山为外臣，诸侯交迓驰朱轮。白璧一双买交者，黄金百镒相知人。……绿水青山知有君，白云明月偏相识。……人传访道沧海上，丁令王乔每往还。"

㉔ 任华，生卒年不详，涪城（今四川三台西北）人，郡望乐安（今山东高青南）。曾官秘书省校书郎，后隐居岩壑。为人狷介，傲岸不羁。《全唐诗》存诗三首，除《寄李白》外，尚有《寄杜拾遗》《怀素上人草书歌》两首。

㉕ 见任华《寄杜拾遗》。

㉖ 任华确有《上严大夫笺》一篇，但信中并未提及曾向严武献赋一事，也

没有提及严武对他的评价以及为他谋职一事。韦利所言献赋之事，应是出自任华《与庾中丞书》，其曰："况华尝以三数赋笔奉呈，展手札云：'足下文格，由来高妙。今所寄者，尤更新奇。……'"所言谋职一事，亦应出自《与庾中丞书》所云："华顷陪李太仆诣阙廷，公乃谓太仆曰：'任子文辞，可为卓绝，负冤已久，何不奏与太仆丞?'"庾准（732—782），以门荫入仕，附于宰相王缙，超迁为职方郎中、中书舍人、知制诰。任司农卿时，依附宰相杨炎，陷害名臣刘晏，改授荆南节度、尚书左丞。建中三年（782）去世，时年51岁。

(57) 见任华《与庾中丞书》。

(58) 见任华《与京尹杜中丞书》，此处应为韦利误记。

(59) 见任华《告辞京尹贾大夫书》。

(60) 怀素作书前须大饮，见李白《草书歌行》："吾师醉后倚绳床，须臾扫尽数千张。"任华《怀素上人草书歌》："十杯五杯不解意，百杯已后始颠狂。一颠一狂多意气，大叫一声起攘臂。"

(61) 怀素擅作大字，见李白《草书歌行》："起来向壁不停手，一行数字大如斗。"任华《怀素上人草书歌》："挥毫倏忽千万字，有时一字两字长丈二。"

(62) 见《新唐书·张旭传》："旭自言，始见公主担夫争道，又闻鼓吹，而得笔法意，观倡公孙舞《剑器》，得其神。"

(63) 见任华《怀素上人草书歌》："翕若长鲸泼剌动海岛，欻若长蛇戎律透深草。回环缭绕相拘连，千变万化在眼前。飘风骤雨相击射，速禄飒拉动檐隙。……恐天低而地窄，更有何处最可怜，袅袅枯藤万丈悬。万丈悬，拂秋水，映秋天。或如丝，或如发，风吹欲绝又不绝，锋芒利如欧冶剑。"

(64) 见任华《怀素上人草书歌》："狂僧狂僧，尔虽有绝艺。犹当假良媒，不因礼部张公将尔来。如何得声名，一旦喧九垓。"

(65) 即李白《草书歌行》："怳怳如闻神鬼惊，时时只见龙蛇走。左盘右蹙如惊电，状同楚汉相攻战。"

(66) 即李白《草书歌行》："古来万事贵天生，何必要公孙大娘浑脱舞。"

第五章 "安史之乱"中的李白

"安史之乱"的爆发与两京陷落

752年,李林甫去世,权力落入了杨国忠的手中,杨国忠是唐玄宗的宠妃杨贵妃的远房表亲。这一年,杨国忠接替李林甫成为右相,并延续了李林甫的专制手段。可以肯定的是,当安禄山于755年叛乱时,杨国忠已然人心尽失,因为安禄山当时所提出的目标是清君侧。现存的关于杨国忠的描述,某种程度上都是基于安禄山造反时的宣传。有人指责在他的统治下,没有采取任何措施来救济一系列灾难性饥荒的受害者,这当然是错误的。我们知道,在753年和754年都有大批粮食从政府库房中取出来以低价出售。李白在一首诗中提到了这一点:"咸阳天下枢,累岁人不足。虽有数斗玉,不如一盘粟。赖得契宰衡,持钧慰风俗。"[①]755年十月,李白替宣城太守赵悦给杨国忠修书一封,信中感谢了杨氏过去的恩惠,并暗示了自己(即赵悦)想在京城任职的意图。然而几周之后,安史之乱爆发,在接踵而至的混乱中,这封信很可能一直没有得到回复。

我在其他一些地方谈及过安禄山叛乱的政治和经济原因[②]。与许多政治动荡危机一样,其发生的最主要原因毫无疑问是饥荒。从750年到754年,大唐帝国发生了一系列前所未有的天灾人祸。750年春天,发生了一场严重的干旱,为了避免对民力的浪费，皇帝取消了祭祀西部圣山华山的计划。751年春，运粮船队在前往长安的途中失火，200艘船被烧毁。秋天，一场台风摧毁了扬州的几千艘船只，而扬州则是粮食运输的枢纽地。在同一个月里发生了另一起事故：长安的主要兵工厂发生火灾，烧毁了近50万件武器。这一年秋天，淫雨霏霏，连月不开，特别是在长安，洪水造成了巨大的破坏。752年夏，一场大台风给洛阳造成很大的破坏，753年秋，又发生了大洪水。粮食价格因此急剧飙升，正如我们所看到的，政府在此时以较低的价格出售了其储备粮。754年秋，大雨又连下了60天。这给长安造成了巨大的破坏，物价再次飙升。这一年，政府的储备粮也在降价出售。在洛阳，19个州县被洪水淹没。在这种情况下，以杨国忠为代表的朝廷以及皇帝本人都必然不得人心。毫无疑问，我们读过许多关于杨家亦即杨国忠本人、杨贵妃（皇帝的宠妃）及其姐妹的传说，而它们只不过是一系列反政府宣传的映现。但是不论这些传说是真是假，百姓都对其深信不疑，我们可以从当时的证据——如杜甫的名篇《自京赴奉先县咏怀五百字》中看到这一点。755年十月中旬，就在安史之乱爆发前几周，杜甫动身去看望他的妻儿，他们被他留在了位于长安东北约50英里的奉先县。他在夜深人静时动身。天寒霜冷，他腰带断裂，手指僵木，难以重系。黎明时分，他行经骊山温泉，大约一周前，皇帝和杨贵妃驾临那里，呈现出一派"羽林相摩戛"的盛景③。当所有的人都冻馁于道时，皇帝和他的朝臣却被温暖的水蒸汽包围着，正所谓"朱门酒肉臭，路有冻死骨"。而当杜甫到达奉先县之后，却是"入门闻号咷，幼子饥已卒"。正如我们所见，说朝廷没有采取任何措施应对饥荒显然是不正确的；但可以肯定的是，这些救济措施也不过是杯水车薪罢了。与此同时，朝廷毫无节制的奢侈行为更引起了全社会深深的怨恨。

安禄山的军队于755年十一月从北京向长安进发④。他们从开封以北渡过黄河，之后一路西行，于十二月十二日攻陷东都洛阳。他在这里借自立为帝和创建伪朝的时机进行了短暂的休整，战事陷入停顿。在第二年（756）一月初，他宣布自己建立了一个新王朝，国号"大燕"。在春天和初夏时节，官军和叛军进行了混乱的战斗，双方各有胜负，但战场态势没有得到实质性改变。六月，大将李光弼在今河北正定附近的东嘉山向安史叛军右翼发起攻击，致其惨败⑤。据说安禄山曾一度想要退守北京，然而当此之时，他得知自己的部将在长安门户潼关以东五十英里的灵宝附近击败并俘虏了大唐名将哥舒翰。事情是这样的（尽管这很可能只是目前针对杨国忠的负面宣传中的一环）：哥舒翰赞成固守关隘，而杨国忠怀疑哥舒翰的目的如安禄山所称，是为了保存军队实力以备反杨。他成功地使皇帝接受了这一观点，于是"中使相继督责"，命令哥舒翰发动进攻⑥。最终，哥舒翰奉旨行事，结果就导致了上文提到的灾难性后果。由于哥舒翰被俘后听命于安禄山，并在叛军政权中官居高位，因此人们对哥舒翰的同情是有限度的。他轻率地夸口说，只要他一句话，其他主要将领就都会投诚于安禄山。然而，事实证明他错了，最终他被安禄山囚禁并处决。⑦

实际的历史进程表明，安禄山没有任何明确的政治计划就进入了中原地区（除了安禄山与其将领的谈话记载，那些可能是事后之作）。因为如果他想建立一个稳定的政权来取代李唐政权，那么为了给长安和洛阳等大城市提供粮食，他就必须控制从淮河流域运粮的水路，尤其是控制运粮船队聚集的扬州港。但他从来没有尝试过这样做，也没有采取任何适当的措施来确保他与东北的交通线的畅通，而那里是他的威望最高的地区，也是他麾下大部分军士的故乡。安禄山的进攻全程表现出一种不顾一切的鲁莽，这一方面是为了掠夺，另一方面是为了防止杨国忠对他采取行动。在中国历史上，潼关的陷落几乎总是预示着长安的陷落，因为潼关以西直至长安并无有力防线。于是，在哥舒翰战败的十天之后，安禄山的叛军进入了长安。在最初的烧杀抢掠之后，这个城市的生活似乎相当平静。从756年冬到757年夏，诗人杜甫居住在长安，他在这几个月里写下了一系列诗篇，这些作品虽未提供什么具体信息，却在很大程度上传达了帝都百姓沦陷之后的生活感受。一个春天的晚上，他悄悄地前往一处长安的风景胜地——曲江。岸边的宫苑全都大门紧闭，空无一人。他不禁回忆起这里曾经为杨贵妃举行的隆重庆典和乐游盛会。禁苑繁花已然再次焕发出光彩生机，但破城而入的胡骑却在夜晚的空气中翻飞起令人目障神迷的滚滚烟尘。诗人仿佛置身于一个陌生的城市，在飞尘和黑暗中迷失了方向。⑧

避难庐山与永王之乱

754年至756年，李白大部分时间都在长江沿岸的池州，此地大约在南京和九江之间。他偶尔去一下宣州（宁国）。大概就是这个时候，他写下了《秋浦歌》（"秋浦"是池州附近的一个地名），其中最著名的是一首关于其白发的诗：

> 白发三千丈，缘愁似个长。
> 不知明镜里，何处得秋霜。⑨

这首诗历来为古今论者所称，它的双重隐喻被认为是非常大胆的——一是悲伤使头发变长，二是镜中之人可能会比李白更幸福。这首诗所表达的是他突然在镜子中看到日渐苍老的自己时的惊讶。但我还是忍不住想起18世纪日本的一个小男孩，他在读了这首诗后说："别装腔作势了！"⑩

叛乱初期，李白对此事的态度是："吾非济代人。"⑪他在若干年后的一封信中说："白绵疾疲薾，去期恬退，才微识浅，无足济时。虽中原横溃，将何以救之？"⑫他似乎一开始就想隐退到绍兴附近的深山之中，此前政治动乱的逃亡者常常躲在那里，但最终决定隐居到九江以南的庐山。他想与儿子伯禽同去，但伯禽远在山东。有一个叫武谔的人，也就是李白所说的他的弟子（门人）要前往山东，"许将冒胡兵"⑬，去接李白的儿子（此事很可能发生在756年初，因为洛阳显然已经沦陷）。这一年的晚些时候，山东似乎还没有被占领，但是当时的形势必然是充满不确定性和危险的，因此武谔似乎并没有成功地履行他的诺言。李白在离开池州前往九江之前，曾给他在梁园（现商丘）的妻子（宗氏）写信，信中告知了自己的行程并且表示自己这三年间几乎没有她的消息。他向妻子保证"江山虽道阻，意合不为殊"⑭。他没有提及她身处叛军占领地区的事实，担心可能会危及她的安全。在李白到达九江之后,宗氏被弟弟宗璟带到了南方。李白对宗璟坦白说:"我非东床人,令姊忝齐眉。"⑮

这位第四任"李夫人"似乎确实在上流社会中有所活动,我们发现她在九江的时候,要去拜访一个人,此人正是已故权臣李林甫的女儿。这位女子有一段奇特的经历。虽"生富贵",但她并没有受到周围环境的影响,而且在很小的时候就表现出与其所属阶级大多数女孩截然不同的抱负。不久,她和一位同样是高官之女的蔡小姐成为庐山道观里的女冠。蔡小姐名叫"寻真",住在屏风叠的南面⑯;李小姐名叫"腾空",住在更北边的另一座道观。她们都学习了道教典籍,并且"以丹药、符箓救人疾苦",一年之中,数会于咏真洞,相互交换修道心得⑰。李白在妻子拜访李腾空时,给她写了两首诗。其一曰:

> 君寻腾空子,应到碧山家。
> 水春云母碓,风扫石楠花。
> 若爱幽居好,相邀弄紫霞。⑱

云母是在水磨中磨成的,通常被用作药物。它在庐山上被大量发现,正如白居易(772—846)在其《寻郭道士不遇》一诗中所说:"药炉有火丹应伏,云碓无人水自春。"白居易还在庐山上发现了石楠花,它被用来治疗风湿和肾脏疾病。

其二曰:

> 多君相门女,学道爱神仙。

> 素手掬青霭，罗衣曳紫烟。
> 一往屏风叠，乘鸾着玉鞭。[19]

虽然李白很难进入他妻子居住的道观，但他确实在屏风叠上住了一段时间。[20]他似乎把宗氏安置在九江以南约30英里的豫章，大概是756年冬，李白在这里探望她的时候写下了《豫章行》一诗。这是一首可以追溯到3世纪的乐府旧题，其本文留存至今但略有阙文。因为李白之作只能通过参考这首前代乐府诗中的成句来理解，所以我在这里给出它的文本，并试着填补其阙文：

> 白杨初生时，乃在豫章山。
> 上叶摩青云，下根通黄泉。
> 凉秋八九月，山客持斧斤。
> 我（苗）何皎皎，梯落（何纷纷）。
> 根株已断绝，颠倒严石间。
> 大匠持斧绳，绳墨齐两端。
> 一驱四五里，枝叶自相捐。
> （携篮采入怀），会为舟船橎。
> 身在洛阳宫，根在豫章山。
> 多谢枝与叶，何时复相连。
> 吾生百年（过），自（与春秋）俱。
> 何意万人巧，使我离根株。[21]

李白的《豫章行》显然作于这样一个时刻：他看到来自中国东部（吴地）的新征士兵率先渡过沣河[22]，然后登上运兵船，这些运兵船将把他们带到沿长江而上直到汉口，然后再沿着汉江到襄阳，从那里他们将行军至河南南部：

胡风[23]吹代马[24]，北拥鲁阳关[25]。
吴兵照海雪，西讨何时还？
半渡上辽津[26]，黄云惨无颜。
老母与子别，呼天野草间。
白马绕旌旗，悲鸣相追攀。
白杨秋月苦，早落豫章山。
本为休明人，斩虏素不闲。
岂惜战斗死，为君扫凶顽。
精感石没羽，岂云惮险艰。
楼船若鲸飞，波荡落星湾[27]。
此曲不可奏，三军鬓成斑。

如果我们将李白此作与乐府旧题相比较，我们可以看到"离别"的基调与为国献身、盛年而夭的主题是一脉相承的，在旧作中，倒下的白杨象征着年轻士兵的死亡。我不知道诗人对此是否还有更深的联想。那些"楼船"（满载着士兵的运兵船）是不是使他想起了装着被伐的木材的木筏，从而强化了这些注定要牺牲的士兵与豫章白杨之间的联系？在唤起同情的力度上这首诗很接近杜甫的战争诗[28]，但是它对早期乐府文献的使用则要巧妙深刻得多。与之相比，杜甫的《石壕吏》和同系列的其他作品，看起来确实仅仅像是押韵的和平主义小册子。

几年前，李白和吴王成为了朋友，吴王是唐太宗（627—649年在位）第三子的后裔。吴王当时是庐江太守，李白在给他的一首诗中强调了他们都是同一个祖先的后裔的事实。[29]在756年的秋天或冬天，他们又见面了。吴王感到十分为难，因为他在收到赶赴中国西北的灵武见驾的圣旨之后，却发现自己无法在驿站获得交通工具，他显然是担心自己没有去灵武觐见会给人留下他对朝廷不太忠诚的印象。因此，他让李白为他起草了一份表文以解释他迟迟不露面的原因[30]。这份文件一开始就为756年七月肃宗登基时吴王未能出现在灵武而道歉（玄宗从长安出逃后退位）。接着说仅凭这一点，他就罪该万死，即使被判斩立决，他也不会感到怨恨。但他年过六旬，风湿病日益严重，他的箭伤（大概是在安史之乱初期受的伤）使他身心疲惫，只能苟延残喘。他已经尽了最大的努力，但是在驿站找不到马匹和车辆，因为它们都被征用以攻打安禄山了。他曾试图走水路，但事实证明这比走陆路更艰难。表文中饱含着忠于朝廷的表白。我们会发现，鉴于另一位皇室成员的行为，这些表白并不是多余的。

到了秋天，玄宗第十六子永王李璘被赋予了南方广大地域的指挥权，他的司令部驻扎在长江沿岸的江陵[31]。李璘于九月到达那里，开始招募将士并收集物资，其数量规模远远超出了他的职责所需。长安陷落前不久，玄宗南狩成都并于途中退位（就如我们所见），其第三子即位，史称唐肃宗。肃宗（他的行在位于长安西北几百英里的灵武）听说江陵的情况后，命令李璘去成都朝见太上皇。永王没有从命，在756年的最后几天他开始沿长江而下，目的是在长江三角洲地区建立一个割据政权（至少后世是这么认为的）。757年元月，他的船队到达了九江②，我们得知李白在那里被带上了他的船。在扬州附近，永王所部遭到了官军的顽强抵抗。李璘的部将抛弃了他，他率领残部在此进行了一场失败的水战后逃往南方。在靠近鄱阳湖的饶州③，他和他的部下被拒之城外。于是他们烧毁了城门，劫掠了城中剩余的兵器并向南逃窜。随后他们被官兵追击，李璘在战斗中负伤被俘，后当场死亡。③这件事发生于757年二月。

757年元月，李璘的船队到达扬州后，李白被邀请上船，他似乎在这场征战中扮演了非官方的桂冠诗人的角色⑤。他后来说自己实际上是被绑架了："半夜水军来，浔阳满旌旃。空名适自误，迫胁上楼船。徒赐五百金，弃之若浮烟。"⑥李白很可能真的以为永王出兵是为了攻打安禄山。而这次出兵的真正意图是秘而不宣的，毕竟永王"虽有窥江左之心，而未露其事"⑦，"江左"也就是长江三角洲地区。直到李璘的船队经过九江很久以后，南方官民才知道他已与中央朝廷恩断义绝。可能直到永王的部队开始在扬州城外遭遇抵抗，李白才意识到此事的真实性质。

与此同时，李白度过了一段非常快乐的时光。在一首名为《在水军宴赠幕府诸侍御》的诗中，他说自己真正的才能是在军事方面，虽然这些才能已经隐藏了四十年。但最终人们会发现他的腰间藏着传说中的龙潭宝剑⑧。在《在水军宴韦司马楼船观妓》一诗中，他说他在军队号角鼓吹的伴奏下更容易出口成诗⑨。在这次随军征战至长江口的过程中,他写下了《永王东巡歌》十一首,用最奢丽华美的词汇表达了对永王的歌颂。在李白笔下,永王在消灭安禄山叛军时是轻松愉悦的,他被描绘成"谈笑为君静胡沙"的形象。就算跟随永王征战起初并非他的本意,但他也很快适应了这种状况,因为我们很难相信这一时期诗歌中所表现的欢快和热情完全是伪装出来的。我们上文所引用的诗中,他说自己"辞官不受赏"[40],给人的印象是他被征召之后不久就与永王决裂了。这当然不是事实。比如《永王东巡歌》十一首中的第七首就是在永王军到达扬州附近之后写的。前文曾提及永王的部下后来背叛了他,可能就是在此时,李白也抛弃了永王。我们发现他在从丹阳南下的路上写了一首诗[41],诗中怅惘地回忆起他作为永王部从所享受到的优待,所谓"侍笔黄金台,传觞青玉案"[42],并且隐晦地提及了这次出征的灾难性结局。在作于他南奔途中的另一组《奔亡道中五首》诗中,他坚称他响应永王的征召是因为急于为被安史叛军杀害的朋友报仇(当然同样是通过隐晦的措辞)。

在李白快走到九江时,他被当作叛徒逮捕入狱,并在那里住了几个月的时间。关于他被监禁时期的生活,我们所知甚少。但很明显,他有写作的条件,也有接触书籍的机会,因为我们发现他在阅读司马迁的《史记》卷五十五《留侯世家》,这是关于在中国广为人知的英雄张良(卒于前187年)的故事,其人一生致力于推翻专制的秦朝政权,并建立汉朝。李白似乎也被允许与外界接触,因为他在赠给某位年轻人的诗序中提到了《史记》,当时这位年轻人正要前往扬州向一位高官呈上一个"灭胡之策",

也就是消灭安禄山的继承人安庆绪的计划。[43]关于他对自己被囚禁的实际情况为数不多的几次提及之一,出现在一首写给某位魏郎中的诗里,其曰:"狱户春而不草。"[44]在同一首诗中,他还悲伤地讲述了自己"愁爱子"(伯禽此时还在山东)和"隔老妻"(她此时还在南昌)的心情。南昌(唐代称豫章)仅在九江以南三十英里,但两地被庐山余脉所阻,据李白所说,这两地之间的道路既崎岖又危险,踏上这段旅途几乎是"昔与死无分"[45]。在与他失散的亲人中,还有一个住在长江三峡地区的弟弟。这大概就是他在一首未注明日期的送别诗中温柔地称之为"白额驹"的弟弟[46],此时李白即将送他东行,这说明他是李白的骄傲和希望。李白的诗作中所提到的"兄弟"几乎都是堂兄弟,这是唯一一次出现其亲兄弟。

他的妻子也不畏山路艰险地赶往九江,她在刺史府中恸哭号啕,泪流满面,试图为丈夫争取无罪释放。[47]李白在感谢她为他所做的一切时,似乎也曾暗示她最好不要前来探监:"相见若悲歌,哀声那可闻。"[48]与此同时,李白也在为维护自己的权益而采取行动,他两次向宰相崔涣献诗。[49]在其中一首诗里,他没有直接请求释放自己,而是希望"三元圣"(即太上皇玄宗、现任皇帝肃宗和肃宗之子广平王)展开"羽翼"护佑自己,并且恳求"两太阳"(即玄宗和肃宗两位皇帝)"应念覆盆下,雪泣拜天光"。[50]在另一首诗中,他希望崔涣能够"屈法申恩,弃瑕取材"。[51]为了证明自己是无辜入狱,他举了公冶长的例子(《论语》第五章第一则),孔子曾评价公冶长说"虽在缧绁之中,非其罪也",[52]于是将自己的女儿嫁给了公冶长。[53]

在同一首诗中，他说现在酒与琴带给他的只有忧伤。㊴他"举酒太息，泣血盈杯"。㊵虽然这些诗句很悲伤，但它们清楚地表明，他在被监禁期间依然可以饮酒听琴。最终，李白在这一年的初秋被释放。当时御史中丞宋若思将兵三千经九江北上，作为御史台的一员，他的职责之一是复核其他官员的判决。他查阅了李白的案件，为其推覆洗雪，并将其辟为参谋收入幕中。㊶

还在九江的时候，李白曾为他的新幕主写了一篇祭文，祈求当地的河神能成功剿灭叛军："遵奉王命，大举天兵。照海色于旌旗，肃军威于原野。而洪涛渤潏，狂飙震惊。惟神使阳侯卷波㊷，羲和奉命，楼船先济，士马无虞。扫妖孽于幽燕㊸，斩鲸鲵于河洛……"㊹他与他的幕主顺流而上来到位于长江南岸、与汉口隔江相望的武昌，我们能够看到他们在此夜饮寒秋、怀古同醉。

再求仕进的努力

大约在此时，他为宋中丞写了一份表奏，向朝廷提出迁都南京之事。这是一篇带有失败主义色彩的文章，它明显将整个长江以北的中国全部抛弃并放任叛军占领长安和洛阳，而设想在南方建立一个划江而治、偏安一隅的唐帝国㊻。但是就在这篇文章写作的过程中或是在其写就之后不久，广平王先是收复了长安，几周后又夺回了洛阳等地。消息传来，李白即请宋若思表荐他去京城谋官任职。这份表荐之书虽然是以宋氏的名义发出，但却出自李白自己的手笔："……臣伏见前翰林供奉李白，年五十有七。天宝初，五府交辟，不求闻达，亦由子真谷口，名动京师。

上皇闻而悦之，召入禁掖。既润色于鸿业，或间草于王言，雍容揄扬，特见褒赏。为贱臣诈诡，遂放归山。……属逆胡暴乱，避地庐山，遇永王东巡胁行，中道奔走[61]，却至彭泽（在江西九江以东）。具已陈首。前后经宣慰大使崔涣及臣推复清雪[62]，寻经奏闻。……臣所荐李白，实审无辜。怀经济之才，抗巢、由之节[63]，文可以变风俗，学可以究天人，一命不沾，四海称屈。……岂使此人名扬宇宙而枯槁当年？传[64]曰：举逸人而天下归心。伏惟陛下，回太阳之高晖，流覆盆之下照，特请拜一京官，献可替否，以光朝列……"[65]

757年十一月，崔涣被任命了前文所提及的官职。[66]这一消息在几周后才传到南方，而李白这份自荐表书的写作日期可能是在那年的最后几天或758年初。当我们再次听到李白的消息时，他正卧病在安徽庐江附近的宿松，显然已经离开了宋若思的照护。他给大臣张镐写了两首诗，并自注云："时逃难，病在宿松山作。"[67]这表明他发现自己正处于战区，为了安全起见而退居宿松。我们知道在757年十一月月初，张镐曾率领一支由驻防龟兹、焉耆、于阗和喀什的士兵组成的庞大队伍在湖南和山东剿灭叛军残部。李白一定是为了躲避这场战斗才停留在宿松的。他写给张镐的两首诗中的第一首是对张氏及其为国家所作的贡献的赞美（755年，张镐还是个无名小卒，至757年升为宰相）[68]，接着说自己与张氏曾经关系极为亲密，但情势使他们不得不分开。李白说，他一生的志向都是忠君报国，从而身登高位，荫及子孙，然而"其事竟不就，哀哉难重陈。卧病宿松山，苍茫空四邻"。[69]不过，他十分兴奋地听说张镐"自天来"，即从长安前来。李白觉得自己可以充当一个"剧孟"一样的角色，这是一位传说中的游侠和豪客，无论他选择帮助谁都能做到"得之若一敌国"。[20]李白说如果张镐不能对自己有所助益，那么他就准备归去汉江，终老水滨。

"剧孟"这一名字不仅出现在李白的诗里，而且也不断出现在其他唐代诗人的诗里，他是一位"隐藏的智者"，虽然看上去不负责任、游手好闲甚至穷凶极恶，但他内心的力量使他成为当时统治者不可或缺的人物。

第二首诗以歌颂李白祖先的骁勇善战开篇。随后他讲述了自己的仕宦生涯（正如前文所引），并表示他热望的不仅是从积极参与镇压叛乱之人的行为中获利，而且还希望能够在战役的策略上有自己的发言权。待功成之后，他将退身默处，潜心道术。然而他的剖白没有得到张镐的回应，当我们再次听到李白的消息时，他又回到了庐山，正与东林寺的僧侣们作别。此时，他一定认为他在永王之乱中的所作所为已无人追究。但事实并非如此。正如我们所见，758年夏，崔涣失势，他此前对李白的无罪判决亦被推翻。通常情况下，每当大臣失位，他的门人党羽也会随之得罪被贬，风流云散。因此，尽管李白的罪行发生在两年之前，他依然被判流放到地处西南边陲云南境内的夜郎。在李白完成长江之旅的第一阶段后，他作了一首诗，在诗中因为九江官员成群结队地前来送行，而使他"独醉"舟中，虽然"天命有所悬"，但他说他下定决心不让贬谪之事影响自己的心神[21]。大约也正是在此时，他为一位老朋友送上了那首名作：

昔在长安醉花柳，五侯七贵同杯酒。
气岸遥凌豪士前，风流肯落他人后？
夫子红颜我少年，章台走马著金鞭。
文章献纳麒麟殿，歌舞淹留玳瑁筵。
与君自谓长如此，宁知草动风尘起。
函谷忽惊胡马来，秦宫桃李向明开。
我愁远谪夜郎去，何日金鸡放赦回[72]？

到了汉口附近，李白发现当地官员中有许多自己的朋友，于是他似乎在这里停留了一段时间。李白有一个叔叔或年长的堂兄在长江南岸的武昌当大官，他在那里受到了款待；在汉口，他也同样受到了欢迎："乾元岁（即758年），秋八月，白迁于夜郎，遇故人尚书郎张谓出使夏口，沔州牧杜公、汉阳宰王公，觞于江城之南湖，乐天下之再平也。"[73]张谓作有一部介绍长沙风土人情的著作，他于743年在长安考中进士，李白应该是此时与他初次相见。[74]不久之后，李白在一封写给王氏的信中又提及了那次聚会：

南湖秋月白，王宰夜相邀。
锦帐郎官醉，罗衣舞女娇。
笛声喧沔鄂，歌曲上云霄。[75]

就在这位汉阳宰的府衙的粉壁上，他还写下了另一首诗：

我似鹧鸪鸟，南迁懒北飞。

时寻汉阳令，取醉月中归。⑯

这样看来，李白应当在武昌（地处长江之南）居住了很长一段时间。而在汉口抑或其附近，他收到了张镐送给他的"热带套装"——那是两套罗缎衣服，非常适合他将要前去的夜郎的气候。⑰此时，张镐已经被剥夺了兵权，被征拜为太子宾客。⑱和这些衣服一起送到李白手中的是一首张镐在农历五月初五写给他的诗，人们通常会在此端阳佳节之际互赠礼物。将这些礼物带给李白的是一位姓王的官员，他当时担任太府丞一职。虽然张镐情谊深厚如此，但他并不能在实质上改变李白此时的处境。他担任太子宾客一职的事实说明他已经失去了政治上的影响力（就像814年的白居易那样）⑲，因为这一职务通常被用来安置声名扫地的政治家。

遇赦放还

758年十月，广平王被册立为太子，大赦天下，李白（可能是在此时）抱怨说就连日本人和其他外国人都被赦免了，自己却没能沐浴到这一恩泽。⑳759年春，李白依然逆长江而上，向夜郎行进，到了春暖花开之时，他想起了曾在池州沉醉过的春泉繁花：

桃花春水生，白石今出没。
摇荡女萝枝，半摇青天月。
不知旧行径，初拳几枝蕨。
三载夜郎还㉑，于兹炼金骨。㉒

当然，结句又说回了他对炼丹术的实践。大约在同一时期，李白还有一首写给滞留在南康的妻子的诗，他在诗中抱怨说自从获罪流放以来未曾收到过她的只言片语⑧。这意味着他在沿长江而上的途中曾有过长时间的停留，否则他不会期待着能收到妻子的来信。事实上，李白确实告诉过我们在他逆流而上的过程中，已然是"海月十五圆"。⑧当他被赦免的消息传来时，他已经到了三峡。恩及李白的大赦发布于那一年三月（759），其中特别提到了要召回流臣，但是长安距离三峡路途遥远，他可能在几周后才知道这一消息。初秋时节他来到岳州，这里靠近著名的洞庭湖，他在此进行了多次游赏之事。在这里，他和一位相识于长安的老朋友、著名文人贾至（718—772）把臂同游。贾至在756年为玄宗起草了退位诏书，狷狂的任华给他写了那些状似疯癫的书信中最疯狂的一封。⑧

要想知道贾至此时来到岳州所为何事，我们必须对安史之乱的经过稍作回顾。758年夏，安禄山的同谋者史思明发动了一场新的叛乱，占领了中国东北的大部分地区。759年三月，数量庞大的官军在河北南部的滏阳河边溃败。⑧

随后，史思明杀死安禄山的儿子安庆绪，自己担任了叛军的领袖。听闻此事，一些重要的河南官员立即仓皇南逃，其中就有时任汝州刺史贾至。六个月后，东都洛阳第二次沦陷，汝州也同遭此劫。但是朝中舆论显然认为他的擅离职守太过草率，于是他被贬为岳州司马。李白对他的被贬表示了慰问，并将他比作贾谊，这是贾氏家族历史上最著名的一位人物。李白说道："圣主恩深汉文帝，怜君不遣到长沙。"⑧长沙在岳州以南220英里。还

第五章 "安史之乱"中的李白

有一次,当李白和贾至在洞庭湖游玩时,李白带来了一位李氏家族成员,并称其为"族叔",也就是说,他是李白父辈的远房亲戚。这位亲戚名叫李晔,此时也深陷政治斗争的泥淖之中,他被流放到南方的遭遇让我们获得了一个观察"内"与"外",也就是后宫(以宦官为代表)和外朝之间斗争的有趣视角。759年,某位马夫在一个马坊里工作,他被一个地方上的小官以抢劫的罪名拘捕并就地处决,马夫的遗孀为了替夫鸣冤而向太监李辅国求助。李辅国最初是一个马童,现在则官至五坊使。由于李辅国的介入,监察御史孙蓥对此事进行了调查,认为并无冤屈。马夫之妻不服,再次提出上诉,于是该案被交由三位官员联合审理,其中便有一位是李白时任刑部侍郎的族叔李晔。这三位官员都支持了孙蓥的判决,但马夫之妻依然不服,坚持上诉,所以这一案件最终交由侍御史毛若虚审理,毛若虚与李辅国相勾结,因此被中国历史学家斥为官场小人。毛若虚判决处决抢劫犯的官员犯有谋杀罪,三名法官犯有妨碍司法公正罪。这些官员都受到严厉的谴责并被贬谪至南方。[88]

759年九月九日是一个登高思亲的日子,李白登上了岳州南边的巴丘山,看到一支舰队正在集结。[89]八月,南方发生了一场地方武装叛乱,其首领康楚元自称为"南楚霸王"。[90]到了九月,康楚元的同伙张嘉延攻占了长江流域距岳州约150英里的荆州。李白在九月九日所作这首诗中自注:"时贼逼华容县。"也就是说叛军离岳州大约只有32英里。在另一首题为《荆州贼平临洞庭言怀作》的诗中,他写道:"思归阻丧乱,去国伤怀抱。"因此,大概是长江地区在十一月恢复了和平之后,他才顺流而下到武昌去了。李白在这里遇见了他早年间在汉东认识的朋友贞倩和尚，那里已经是他大约三十年前去过的地方了：

汉东太守来相迎。

紫阳之真人，邀我吹玉笙。[91]

不久之后，贞倩欲要回转汉东，李白于是作序相送。在序的开头，他首先提到了谢安（320—385）和支遁（314—366）之间那段著名的僧俗友谊[92]。支遁不仅以解读佛教经典而闻名，而且还以对道家哲学家庄子的阐释而声名远播。李白说他与贞倩在精神领域的契合程度"不忝古人"，而贞倩将要回归汉东这件事，着实"使我心痟"。接着他说，汉东之地人杰众多，但也已沉寂许久。无数年前，神农诞生在离汉东城不远的一个山洞里。在此之后的前705年，汉东人季良在史书中闪耀着熠熠光芒。[93] "尔来寂寂，无一物可纪。有唐中兴[94]，始生紫阳先生。先生六十而隐化，若继迹而起者，惟倩公焉。蓄壮志而未就，期老成于他日，且能倾产重诺，好贤工文。……仆平生述作，罄其草而授之。思亲遂行，流涕惜别。"[95]

这篇序的最后，李白表达了他此时的心愿，即在此脱罪昭雪，蒙赦还乡之际他将再次被传召至长安，任职于宫廷，或许有一天他会与贞倩在埋葬着紫阳真人的新松山下相携徘徊，相视而笑。[96]

贞倩此人，生平难考，除了李白曾有所提及，我们难以知晓更多与他相关的信息，李白有可能礼貌性地夸大了他的影响力；

我们也不知道他手上的李白遗稿后来怎样了。

注　释

① 见李白《书怀赠南陵常赞府》。此处有韦利自注曰："契是传说中舜帝的大臣。"
② 此处有韦利自注曰："参见本人《白居易的生平与时代》第 50 页。"
③ 本句与下文所引"朱门酒肉臭，路有冻死骨""入门闻号啕，幼子饥已卒"均见杜甫《自京赴奉先县咏怀五百字》一诗。
④ 北京，时称"范阳"，天宝元年（742）置幽州范阳郡，治所在蓟县，设范阳节度使。
⑤ 《旧唐书·玄宗纪》："（五月）庚寅……其日，李光弼与贼将史思明战于常山东嘉山，大破之，斩获数万计。"
⑥ 《旧唐书·哥舒翰传》："翰至潼关，或劝翰曰：'禄山阻兵，以诛杨国忠为名，公若留兵三万守关，悉以精锐回诛国忠，此汉挫七国之计也，公以为何如？'翰心许之，未发。有客泄其谋于国忠，国忠大惧……杨国忠恐其谋己，屡奏使出兵。上久处太平，不练军事，既为国忠眩惑，中使相继督责。翰不得已，引师出关。"
⑦ 《旧唐书·哥舒翰传》："军既败，翰与数百骑驰而西归，为火拔归仁执降于贼。禄山谓之曰：'汝常轻我，今日如何？'翰惧，俯伏称：'肉眼不识陛下，遂至于此。陛下为拨乱主，今天下未平，李光弼在土门，来瑱在河南，鲁炅在南阳，但留臣，臣以尺书招之，不日平矣。'禄山大喜，遂伪署翰司空。作书招光弼等，诸将报书皆让翰不死节。禄山知事不谐，遂闭翰于苑中，潜杀之。"
⑧ 韦利此处应取杜甫《哀江头》诗意，此诗有云："少陵野老吞声哭，春日潜行曲江曲。江头宫殿锁千门，细柳新蒲为谁绿？忆昔霓旌下南苑，苑中万物生颜色。……黄昏胡骑尘满城，欲往城南忘南北。"
⑨ 即李白《秋浦歌（其十五）》。
⑩ 此处有韦利自注曰："参见石川雅望于1802年出版的《蠹鱼之住居物

语》。"
⑪ 见李白《赠王判官,时余归隐居庐山屏风叠》。
⑫ 见李白《与贾少公书》。
⑬ 见李白《赠武十七谔并序》。
⑭ 见李白《秋浦寄内》。
⑮ 见李白《窜夜郎于乌江留别宗十六璟》。
⑯ 此处有韦利自注曰:"屏风叠在庐山山脉。"
⑰ 《庐山志》有云:"蔡寻真,侍郎蔡某女也。李腾空,宰相李林甫女也。幼并超异,生富贵而不染,遂为女冠,同入庐山。蔡居屏风叠之难,李居屏风叠之北,学三洞法,以丹药、符箓救人疾苦。至三元八节,会于咏真洞,以相师讲。"
⑱ 即李白《送内寻庐山女道士李腾空二首(其一)》。
⑲ 即李白《送内寻庐山女道士李腾空二首(其二)》
⑳ 李腾空所居昭德观在庐山屏风叠之北。
㉑ 此即东汉乐府《豫章行》,括号内字词为韦利所补。
㉒ 此处士兵所渡应是上辽津,即上辽水,今名潦水。源出江西奉新县西,流经永修县,与修水汇合。
㉓ 此处有韦利自注曰:"'胡风'指安禄山。"
㉔ 此处有韦利自注曰:"'代马'指山西。"
㉕ 此处有韦利自注曰:"鲁阳在河南南部。"
㉖ 此处有韦利自注曰:"上辽津在豫章以南四十英里。"
㉗ 此处有韦利自注曰:"落星湾在鄱阳湖的西北角。"
㉘ 此处有韦利自注曰:"参见我1916年出版的《中国诗》一书,第5页。"
㉙ 见李白《寄上吴王三首》诗。
㉚ 即李白《为吴王祇谢责赴行在迟滞表》。
㉛ 《旧唐书·李璘传》有云:"天宝十四载十一月,安禄山反范阳。十五载六月,玄宗幸蜀,至汉中郡,下诏以璘为山南东路及岭南黔中江南西路四道节度采访等使、江陵郡大都督,余如故。"《旧唐书·玄宗纪》:"丁卯,诏以皇太子讳充天下兵马元帅,都统朔方、河东、河北、平卢等节

度兵马，收复两京；永王璘江陵府都督，统山南东路、黔中、江南西路等节度大使……"

㉜ 李璘到达江陵应是在756年十二月，《旧唐书·李璘传》有云："十二月，擅领舟师东下，甲仗五千人趋广陵，以季广琛、浑惟明、高仙琦为将。"

㉝ 此处有韦利自注曰："鄱阳湖在九江南部。"

㉞ 《旧唐书·李璘传》："季广琛召诸将割臂而盟，以贰于璘。……璘闻官军之至，乃使襄城王、高仙琦逆击之。……高仙琦等四骑与璘南奔，至鄱阳郡，司马陶备闭城拒之。璘怒，命焚其城。至余干，及大庾岭，将南投岭外，为江西采访使皇甫侁下防御兵所擒，因中矢而薨。"

㉟ "桂冠诗人"一词起源于古希腊人用月桂树叶编成冠冕，赠予有名的英雄或诗人的传统，后来成为英国皇室御用诗人的称号。

㊱ 见李白《经乱离后天恩流夜郎忆旧游书怀赠江夏韦太守良宰》。

㊲ 见《旧唐书·李璘传》。

㊳ 即李白在《在水军宴赠幕府诸侍御》一诗中所说："卷身编蓬下，冥机四十年。宁知草间人，腰下有龙泉。"

㊴ 即李白在《在水军宴韦司马楼船观妓》一诗中所说："诗因鼓吹发，酒为剑歌雄。"

㊵ 见李白《经乱离后天恩流夜郎忆旧游书怀赠江夏韦太守良宰》。

㊶ 此处有韦利自注曰："丹阳在扬州以南四十英里处。"

㊷ 见李白《南奔书怀》。

㊸ 即李白《送张秀才谒高中丞》一诗，其序云："余时系浔阳狱中，正读《留侯传》。秀才张孟熊蕴灭胡之策，将之广陵，谒高中丞。余嘉子房之风，感激于斯人，因作是诗以送之。"高中丞，指高适，时任淮南节度使。此处有韦利自注曰："安禄山与他的儿子发生了争吵，于是他的儿子在公元757年一月谋杀了他并成为叛乱的领袖。"

㊹ 见李白《万愤词投魏郎中》。

㊺ 见李白《在浔阳非所寄内》。

㊻ 见李白《送舍弟》一诗："吾家白额驹，远别临东道。他日相思一梦君，应得池塘生春草。"白额驹，比喻英俊有为的青年。

㊼ 即李白《在浔阳非所寄内》诗中所说："闻难知恸哭，行啼入府中。"

㊽ 见李白《在浔阳非所寄内》。

㊾ 崔涣于天宝十五载（756）七月被玄宗授予黄门侍郎同中书门下平章事，扈从成都。肃宗于灵宝即位后，同年十一月，崔涣又被授予江淮宣谕使一职，前往江南选拔人才。这可能正是李白能够向他上书的契机。此处有韦利自注曰："崔涣于公元756年7月至757年8月任宰相。"

㊿ 此即李白《狱中上崔相涣》诗中所说："羽翼三元圣，发辉两太阳。应念覆盆下，雪泣拜天光。"广平王，即肃宗长子李豫，初名李俶，安史之乱时随父前往灵武，肃宗称帝后，被拜为天下兵马元帅，统领郭子仪等诸将先后收复长安、洛阳。乾元元年（758），被册立为皇太子。宝应元年（762）登基，是为唐代宗。

(51) 见李白《上崔相百忧章》，李白自注："时在浔阳狱。"

(52) 此处有韦利自注曰："公冶长之所以入狱后又被放出来，是因为他能听懂鸟的语言。"译者注，公冶长晓鸟语之事见魏晏集解，南朝梁皇侃义疏之《论语集解义疏》卷三所引《论释》。

(53) 即李白《上崔相百忧章》诗中所说："冶长非罪，尼父无猜。"《论语·公冶长》云："子谓公冶长，'可妻也。虽在缧绁之中，非其罪也'。以其子妻之。"

(54) 即李白《上崔相百忧诗》中所说："金瑟玉壶，尽为愁媒。"

(55) 见李白《上崔相百忧诗》。

(56) 李白有《为宋中丞自荐表》一文及《中丞宋公以吴兵三千赴河南军次寻阳脱余之囚参谋幕府因赠之》一诗。宋若思是李白好友宋之悌之子，初唐著名诗人宋之问之侄，宋之悌于开元年间历任剑南节度使、太原尹，李白有《江夏别宋之悌》诗。

(57) 此处有韦利自注曰："阳侯是一个溺死在河里的人，他的怨恨之心使他兴风作浪。""阳侯"是古代传说中的波涛之神，《淮南子·览冥训》《楚辞·九章》《战国策·韩策二》中均有相关记载。

(58) 此处有韦利自注曰："燕即河北。"

(59) 见李白《为宋中丞祭九江文》。

⑥⓪ 即李白《为宋中丞请都金陵表》。
⑥① 此处有韦利自注曰:"我们已经看到这不是事实了。"
⑥② 此处有韦利自注曰:"宣慰使即政府的宣传员。"
⑥③ 此处有韦利自注曰:"巢父和许由都是具有传奇性的典范。"
⑥④ 此处有韦利自注曰:"见《论语》卷二十第一则。"
⑥⑤ 见李白《为宋中丞自荐表》。
⑥⑥ 韦利前文称崔涣为"宰相",然而至德二年(757),崔涣因江南选官多有滥进而被罢相,改任左散骑常侍,兼余杭太守、江东采访防御使,后肃宗又授其为正议大夫、太子宾客。
⑥⑦ 即李白《赠张相镐二首》。
⑥⑧ 至德二年(757),张镐拜相,任中书侍郎、同中书门下平章事。见《旧唐书·张镐传》:"镐至凤翔,奏议多有弘益,拜谏议大夫,寻迁中书侍郎同中书门下平章事。"
⑥⑨ 本句与下文"自天来"句均见李白《赠张相镐二首(其一)》。
⑦⓪ 剧孟事见《史记·游侠列传》:"洛阳有剧孟,周人,以商贾为资,而以任侠显诸侯。吴、楚反时,条侯为太尉,乘传车将至河南,得剧孟。喜曰:'吴、楚举大事而不求孟,吾知其无能为已矣。天下骚动,宰相得之若得一敌国云。'"
⑦① 见李白《流夜郎永华寺寄寻阳群官》。
⑦② 此处有韦利自注曰:"金鸡是用于在宣布大赦时被悬挂起来的。"译者注:此诗即李白《流夜郎赠辛判官》。"金鸡",见《隋书·刑法志》:"赦日,则武库令设金鸡及鼓于闾阖门外之右。勒集囚徒于阙前,挝鼓千声,释枷锁焉。"
⑦③ 见李白《泛沔州城南郎官湖并序》。
⑦④ 张谓,天宝二年(743)登进士第,乾元中为尚书郎,大历年间潭州刺史,后官至礼部侍郎,三典贡举。其诗辞精意深,讲究格律,诗风清正,代表作有《早梅》等。《唐诗纪事》有云:"谓登天宝二年进士第,奉使长沙,尝作《长沙风土记》。"
⑦⑤ 见李白《寄王汉阳》,其结句为:"别后空愁我,相思一水遥。"

(76) 见李白《醉题王汉阳厅》。

(77) 见李白《张相公出镇荆州寻除太子詹事余时流夜郎行至江夏与张公去千里公因太府丞王昔使车寄罗衣二事及五月五日赠余诗余答以此诗》，诗云："惭君锦绣段，赠我慰相思。"

(78)《旧唐书·张镐传》："肃宗以镐不切事机，遂罢相位，授荆州大都督府长史。后思明叔冀之伪皆符镐言，寻征为太子宾客，改左散骑常侍。"

(79) 元和九年（814），白居易在长安丁母忧，授太子左赞善大夫。此处有韦利自注曰："参见本人《白居易的生平及其时代》一书，第 90 页。"

(80) 见李白《放后遇恩不沾》。此处有韦利自注曰："此处的'日本'是泛指，意思是极远的东方。李白所指的是位于东北地区南部的渤海王。公元 756 年，他违抗了攻打安禄山的命令；但在 759 年被赦免。"

(81) 此处有韦利自注曰："我认为'三年'只是一个文学典故，指代的是公元前 2 世纪贾谊的被贬。"

(82) 即李白《忆秋浦桃花旧游时窜夜郎》。

(83) 即李白《南流夜郎寄内》。

(84) 见李白《自巴东舟行经瞿唐峡登巫山最高峰晚还题壁》。

(85) 即前文所提及的任华《告辞京尹贾大夫书》。

(86) 即乾元元年（758）十月至乾元二年（759）三月，唐军与安庆绪部进行的邺城之战。

(87) 见李白《巴陵赠贾舍人》。

(88) 此事见《资治通鉴·唐纪》："凤翔马坊押官为劫，天兴尉谢夷甫捕杀之。其妻讼冤。李辅国素出飞龙厩，敕监察御史孙蓥鞫之，无冤。又使御史中丞崔伯阳、刑部侍郎李晔、大理卿权献鞫之，与蓥同。妻犹不服，又使侍御史太平毛若虚鞫之。若虚倾巧士，希辅国意，归罪夷甫。伯阳怒，召若虚诘责，欲劾奏之。若虚先自归于上，上匿若虚于帘下。伯阳寻至，言若虚附会中人，鞫狱不直。上怒，叱出之。伯阳贬高要尉，献贬桂阳尉，晔与凤翔尹严向皆贬岭下尉，蓥除名，长流播州。"

(89) 见李白《九日登巴陵置酒望洞庭水军》，李白自注："时贼逼华容县。"巴丘山，即巴陵山，在今湖南岳阳市西南隅，滨临洞庭湖。

⑨⓪ 唐肃宗乾元二年八月十二，襄州将领康楚元联合张嘉延起兵作乱，占据襄州城，襄州刺史王政逃到荆州。康楚元自称为"南楚霸王"，割据襄州。

⑨① 此处有韦利自注曰："参见前文所引《忆旧游寄谯郡元参军》一诗。"

⑨② 此即李白《江夏送倩公归汉东序》所云："昔谢安四十年，卧白云于东山，桓公累征，为苍生而一起。常与支公游赏，贵而不移。大人君子，神冥契合，正可乃尔。"汉东，随州也。唐天宝前名随州，天宝初改称汉东郡，乾元初复改为随州。

⑨③ 此即李白《江夏送倩公归汉东序》所云："夫汉东之国，圣人所出，神农之后，季良为大贤。"季良，《左传》做"季梁"，春秋时期随国大夫。政治家、军事家、思想家，在他的辅佐下，随国成为"汉东大国"。此处有韦利自注曰："参见《左传·桓公六年》，理雅各译本，第五卷第148页。"

⑨④ 此处有韦利自注曰："指武后篡夺皇位后。"

⑨⑤ 见李白《江夏送倩公归汉东序》。

⑨⑥ 此即李白《江夏送倩公归汉东序》所云："今圣朝已舍季布，当征贾生，开颜洗目，一见白日，冀相视而笑于新松之山耶？"

第六章　永远的诗仙

　　从 755 年延绵至 758 年的叛乱,其明显特征在于它是大唐朝廷与安禄山及其后继者领导控制的叛军之间的冲突,而 759 年的动荡又表现出新的特征。一些地方官员领导了当地的叛乱,这些叛乱与安史之乱的主线没有直接关系①。公元 756 年,朝廷似乎不得不接受国家分裂的现状,把长江以北的大部分领土留给了安史叛军。759 年的形势似乎更像是中央集权的政府行将彻底瓦解,中国会由独立的地方割据势力统治。叛军和政府支持者之间的区别已不再迥然。760 年,一位名叫李峘的人通知所在地的官员,说军官刘展准备造反。②李氏在过去的两年里一直坐镇扬州,指挥着一个庞大的部队。然而刘展立刻反唇相讥,对李峘也提出同样的指控。他向东进军,攻占了扬州和附近的几个城镇,李峘则几乎没有进行有效的抵抗。李峘手下的一个军官,也就是李白的朋友李藏用随后接管了对刘展叛乱的镇压,但也未成功,叛乱于是继续蔓延。这一年(760)年底,大批驻扎在北方的军队被派去支援李藏用。刘展溃败,扬州收复。但是随后,这些来自北方的士兵突然发现自己可以在扬州这个贸易中心里无拘无束,不遵法纪,于是他们洗劫了市场,杀害了几千名可能是试图保护自己商品的阿拉伯和波斯商人。李白的朋友李藏用虽然取得了围剿刘展的圆满成功;但反过来,他被其他指挥官指控与叛军勾结（毫无疑问，他们希望以此来确保自己的战利品份额），有一段时间他的贡献没有得到朝廷的奖赏。761年秋，李藏用移军扬州，在他离开南京前的饯行宴上，李白为他作序送别，序中对李藏用的功劳未能得到应有的封赏而感到遗憾和不平。在序的结尾，他说："白也笔已老矣，序何能为？"③他的意思自然是说自觉已经到了山穷水尽的境地。也就是在这个秋天，我们发现他准备前往南京东北处100英里的临淮，却病倒于途中，只得颓丧地返回南京。李白在给一位即将离开南京的朋友的送别序中提及了自己这次旅行的目的："闻李太尉大举秦兵百万出征东南，懦夫请缨，冀申一割之用，半道病还。"④

"李太尉"即李光弼，761年夏，他受命指挥大军，出镇临淮。李白所谓的"一割之用"就是用了众所周知的"铅刀一割"之典，铅刀是只能用一次而不能重复使用的。⑤李白知道如果这一次他能够获得一个职位，那么这将是他的最后一个职位。761年冬，在南京以南约90英里的宣州，他送别一位副使入秦，这位副使与李藏用一样，对朝廷给予的待遇感到不满，要到长安去述职。⑥此诗是李白在《临路歌》之外所作的最后一首诗。

之后，李白又转而向北，去投奔时任当涂县县令的著名书法家李阳冰（693—772后），当涂县也就是现在的太平府⑦。在公元762年十一月初十，李阳冰写道："临当挂冠，公又疾亟。草稿万卷，手集未修。枕上授简，俾余为序。……自中原有事，公避地八年；当时著述，十丧其九，今所存者，皆得之他人焉。"⑧

不久之后，一份与这份手稿具有竞争关系的藏品开始流传。我们还记得，李白在754年把他的手稿交给了魏颢，并请他编辑。魏颢有一篇作于763年的文章，此时他还不知道李白已经去世了，在文中他说："经乱离，白章句荡尽。上元末，颢于绛偶然得之⑨，沉吟累年，一字不下。今日怀旧，援笔成序，首以赠颢作、颢酬白诗，不忘故人也。次以《大鹏赋》、古乐府诸篇，积薪而录。文有差互者两举之。白未绝笔，吾其再刊，付男平津子掌。其他事迹，存于后序。"⑩

魏颢所得到的版本似乎篇目很少，《新唐书》的参考书目中并未提及这一版本。它似乎已经完全被遗忘；但在1068年，我们发现了它的44件残页。这两本集子都是李白死后不久编成的，构成了我们今天所知的李白作品的基础。

李白是我们最了解的中国早期诗人之一，我们很容易就把他看作是唐代放荡文人的典型代表。但是，如果我们把他的职业生涯与生活在同一时期的其他诗人相比较，我们会发现李白在一个重要领域是独一无二的：他是唯一既没有参加进士考试（即成为公务员的正常途径）也没有担任任何正式公职的著名诗人。如果我们看看与他同时的十二位最著名的诗人，我们会发现他们所有人都参加过这些考试，除了两个人，其他人都通过了。735年参加进士考试的伟大诗人杜甫就是这两位落榜者之一。十二人中只有孟浩然一个人没有担任过官职，但这并不是因为他不曾尝试，而是因为他和杜甫一样，参加进士考试却名落孙山。其余人都通过了这一考试（进士科），得到了官职。至于李白为什么不参加进士考试，我们只能对这一问题进行推测，因为就连李白本人也并不清楚。如果我们发现在我们的朋友圈子里有一个年轻人不去参加他所有朋友和同龄人都要参加的考试，而与此同时，以这些考试的结果作为人生开端对于他所在阶层来说是必不可少的,那么我们就会得出这样的结论:他认为自己通过考试的机会不大。李白的理由可能也是如此。即使是与科举考试相对的明经科也远不只是要求考生有能力写出符合标准的诗歌,尽管这当然是必不可少的。对经学有全面了解是必须的,而这只有通过长时间的艰苦努力才能达到。还有关于政治和经济的题目,这些可能都是思想严肃、作风认真的年轻人们乐于讨论的话题;但在李白年轻时经常出入的喧闹不羁的圈子,恐怕很少有人提起。同样,他可能已经知道,他很难获得必要的证明和保证。因为如果由其帮助的考生行为不端,那么负责选拔的官员就会陷入严重的麻烦。李白可能也在怀疑自己长期保持清醒的能力。无论如何,不管出于何种原因,在当时比较知名的作家中,他几乎是唯一一个终身"布衣"的人。在一个个人地位十分重要的社会中,如果某人像李白那样属于统治阶级,那么他的社会地位将很大程度上取决于他的官阶。

我们的社会同样有官僚主义,而且其规模和重要性与日俱增;但公务员在社会上的地位与他的官阶或头衔没有多大关系。在"办公室"之外,甚至在他自己的家里,他的确切等级和地位也很少为人所知;在很多情况下,他的朋友只能告诉你他"在白厅"[①],或者最多说一句他"在海军部做事"。在中国,情况则完全不同。一个人的官阶是他身份不可分割的一部分。朋友和亲戚提到他时,很少不涉及官阶,而他本人(除非是最亲密的信件)也总是在署名后面加上官职。如果不"入流"(在流),而只是简单的自称"陇西李白",那么就会成为社会上的无名小卒。确实,也有些奇怪的人认为宗族比官阶更重要。我们得知,与李白同时代的一个叫李积的人,署名总是"陇西李积",并没有提到他所担任的各种高级职务[12]。这是一个常被用以说明极其夸张的宗族自豪感的例子。此外,一个有官阶的人由于任性而把官阶省略掉是一回事,而对一个没有官阶的人来说,出于迫不得已而只得屈辱地签上自己朴素的名字就完全是另一回事了。

李白一生都认为自己是一个异类:他受过教育,有良好的学识,但是在他的各类署名之后都没有添加任何官阶,甚至连承旨即"翰林待诏"都不曾提及,这表明他曾勇敢地拒绝过别人提供的官职。但是正由于未能在世俗的官场中站稳脚跟,因祸得福,李白得以借助"天国外臣"的身份流连人间。他是一个被贬谪的仙人,是三十六天帝在凡间的使者[13],是一位并非由礼部招募(毕竟比起灵性,礼部更注重准确性)的身处体制而超然于外的官员,其所有灵感都来自当权者的明令。不幸的是,这种荣誉性官职的报酬微乎其微,而李白的众多爱好却花费不菲。一个训练有素的歌女要八万金,一匹骏马要两万余金,更正如李白所说"十千五千旋沽酒"(也许这只是一种修辞)[14]。不论李白的私人财产有多少,也不论他为人撰写碑铭志赞的润笔有几何,总之很明显他的收入是相当不足的。正如我们所见,从他大约726年第一次结婚直到去世的前一年,他都在不断地试图获得一些非官方的小职位。但是除了在长安的一段插曲以及他与永王李璘的灾难性交往,他只获得了一次成功,即他的贵人宋若思在757年将他收入麾下。然而,他与宋氏的关系只保持了非常短暂的一段时间,而且他再也没有提到过这位幕主,很可能他们的关系并不好。

因此，在很大程度上由官僚价值观主导的社会中，这些诗文的作者是一败涂地的，准确地说是一事无成的诗人。有失去工作的诗人，也有一段时间后自愿回归个人生活的诗人。但是，一个伟大的诗人从未有过一份正式工作，这几乎是史无前例的。毫无疑问，有些人认为这种情况对朝廷极为不利。而其他一些人，比如魏颢，认为给他一份工作是在自找麻烦。李白自己在一首写给妻子的诗中承认他的日日醉酒使自己过得与未为人夫一样快活；[15]但他似乎从来没有面对过这样一个事实：酗酒也使他失去了担任公职的资格。因此，从他离开长安的那一刻起，他就自觉满腹委屈。此外，他号称"谪仙"的身份虽然有助于解释他的天纵英才，但似乎并没有促进他的修道事业。他的炼丹术士生涯夭折了；他过早地须发尽白，垂垂老矣。然而尽管李白在经济仕途上失败了，但与杜甫不同，他的诗似乎并不曾诞生于真正的贫困之中。755 年之后，物价上涨了百分之三百[16]，但是李白从未提及自己在温饱方面有什么困难。他似乎确实在经历战乱的过程中没有感受到任何个人生活的不适和不便（除了深陷狱中的那几个星期）。对于弱势群体的苦难，李白似乎完全漠不关心，这使他与当代的中国人渐生隔阂。

事实上，如果我们把李白当作道德家来看待的话，那么显然他的性格会受到许多非议。在他的作品中，他表现得自吹自擂、冷酷无情、放荡不羁、缺乏责任感与诚信。他声称自己拥有一种良好品质，那就是慷慨。但只有他一个人提到了这一点，而且他的慷慨似乎是针对那些最不需要帮助的人的。然而很明显，那些见过他的人都被他的个性所吸引，并立即认识到自己面对的是一个非凡的天才。正如我们所看到的，他的朋友中有两个人提到过他眼睛里奇异的光芒（布莱克的朋友也提到过他的这一特点）[17]。与李白同辈的最伟大的诗人杜甫（一位与他性情完全不同的人），在与他分别十五年后依然珍藏着他们之间短暂的友谊，每当他午夜梦回于沉沉月光之中，依然能够看到很久以前认识的那个真实而生动的李白。

注　释

① 此处有韦利原注曰："在突厥人史思明麾下的军队于759年秋天攻占了东都洛阳，这里之前被叛军于755年占领，又被朝廷在757年收复。"
② 李峘，唐朝宗室大臣，乾元元年（758）兼御史大夫，持节都统江淮节度宣慰观察使。乾元二年（759），宋州刺史刘展谋反，其以淮南节度使率军平叛，兵败寿春，被贬为袁州司马。
③ 见李白《饯副大使李藏用移军广陵序》。
④ 即李白《闻李太尉大举秦兵百万出征东南懦夫请缨冀申一割之用半道病还留别金陵崔侍御十九韵》。
⑤ "铅刀一割"，出自《后汉书·班超传》："况臣奉大汉之威，而无铅刀一割之用乎？"意思是铅刀虽质性柔软而不锋利，但偶尔使用得当也能割断东西。比喻才能平常的人有时也能有点用处，多作请求任用的谦词。
⑥ 见李白《宣城送刘副使入秦》。
⑦ 当涂县于至正十五年（1355），由朱元璋改名为太平府。
⑧ 见李阳冰《草堂集序》。
⑨ 此处有韦利自注曰："绛州在山西省的西南部。"
⑩ 见魏颢《李翰林集序》。
⑪ "白厅"是英国伦敦市内连接议会大厦和唐宁街首相府的一条街道，在这条街及其附近有国防部、外交部、内政部、海军部等一些英国政府机

关，因此人们常用"白厅"作为英国行政部门的代称。

⑫ 《太平广记》卷一八四："李积，酒泉公义琰姪孙，门户第一而有清名，常以爵位不如族望，官至司封郎中、怀州刺史，与人书札唯称陇西李积。"

⑬ 三十六天帝，即处于三十六天中的神仙。三十六天是道教根据道生万物的宇宙创世理论，构想出来的神仙所处的空间。

⑭ 见李白《少年行》。此处有韦利自注曰："为了让人们对钱的价值有所了解，我们可以顺便一提，在正常情况下，大量的米（即5天左右的口粮）的价格约为20文钱。"

⑮ 见李白《赠内》，诗云："三百六十日，日日醉如泥。虽为李白妇，何异太常妻。"

⑯ 此处有韦利自注曰："756年，米价上涨到7000文。这个数字可能是指首都，而且是例外；但即使在南方，物价无疑也有很大的增长。"

⑰ 此处的"布莱克"应指英国浪漫主义诗人威廉·布莱克（1757—1827）。

附加说明

第1页：李白的家族认为自己是李暠（卒于417年）的后裔，李暠曾在中国最西部的敦煌建立了一个小的割据政权。①唐朝皇室也声称自己是李暠的后裔，尽管他们实际上似乎属于完全不同的家族。②李白的说法可能也同样毫无根据，但从他称呼亲王为"从兄"来看，他大概被认为是皇室的远房成员。③

7世纪初，他的一位祖先，显然是他的曾祖父，与官府发生了纠纷，被驱逐到西域。李白之孙从他的父亲李伯禽那里继承了一些有关家族历史的笔记（《李太白集》卷三一）。据记载，他们的祖先被流放到碎叶城，即托克马克，在现吉尔吉斯苏维埃社会主义共和国内（编者注：该国是苏联加盟共和国之一，1936—1991年存续）。然而，李氏祖先最初被递解出境的目的地不可能是位于中国这一历史时期所控疆域之西端的碎叶城。我们知道，中国人于609年占领了大致位于青海湖和罗布泊之间的一大片地区，"谪天下罪人为戍卒以守之"。④由于这是我们听说过的发生在7世纪初中国的唯一一次大规模的流放（《资治通鉴》中609年的记载），所以李白的祖先很可能就是这些被流放者之一，并在这片中国新得到的土地上开始了他的流放生活。但670年秋（《旧唐书》卷五），吐蕃人在那里横行肆虐。李家可能经过了一次向西北方向的迁徙才到达碎叶城。679年，一位中国将军在这里建造了一个"坚不可摧"的防御工事，作为当地居民的奇观。李白的祖父（其曾祖父那时肯定已经去世了）无疑认为这里是一个安全的地方。但大约在682年，当地的突厥酋长宣布独立，碎叶城（及其坚不可摧的防御工事等）被中国占领。李白的祖父和父亲（他本人当时可能还是一个孩子）也许或多或少地会像囚犯一样生活在突厥人之间。

我们得知李白的父亲"秘密地"离开了碎叶。这基本意味着作为一个被囚禁的罪犯的后代，他不敢公开回到中国。但李白家族的罪行发生在近60年前，当时是另一个朝代，此时的中国没有人会记得这件事。如果李白的父亲是"秘密地"离开的，那目的就只会是避开其突厥主人的注意。如果李白真的是在705年到达中国，那么他一定是在碎叶或是从碎叶到中国的途中出生的。（对上述相关事实的讨论，请参看沙畹《西突厥史料》一书中有关碎叶的章节。[5]）

李阳冰（李白就病逝于其宅中）告诉我们，李白的祖先曾"谪居条支"。[6]"条支"本是汉代对一个位于波斯湾附近的王国的称呼，它的首都可能是建在一个叫布什尔的半岛上。[7]661年，中国人给阿富汗的伽兹尼起了同样的名字，但中国在阿富汗的统治只持续了大约20年，到了8世纪，已经很少有人记得阿富汗的条支了。[8]李阳冰在文中提到"条支"时，措辞含混，华而不实，有影射借代之意。毫无疑问，他使用这个地名仅仅是为了表达"远在世界尽头"的意思，我们不需要把波斯湾或伽兹尼看作是李白可能的出生地。

第 4 页：李白被推举的途径（有道科）与道学考试（即"道举"）无关，因为道举直到 741 年才出现。另一个文人在 737 年以同样的途径被提举，因此很明显李白是作为诗人而非精通道术之人被推举的。相关内容参看《旧唐书·卷一一一·高适传》[9]。刺史有权在法定人数之外不限数量地派遣特别有才能的候选人，这是由唐朝 737 年的一封诏书确立的（见《唐会要》卷二六）[10]；但在这里他们被称为"有才行"，即"有杰出才能或品行的人"。

第 6 页：李白早年曾到访九江的证据是，任华在写给李白的信中引用了其一句关于九江附近的瀑布的诗。[11]而这封信的写作时间肯定早于我们所知的 756 年及之后李白对九江的游访。

第 6 页：上清派的创始人是一位名叫魏华存（251—334）的女士，她是著名政治家魏舒（209—290）的女儿。魏华存幼时便好读老庄。她常常服用胡麻散和茯苓丸（茯苓是一种真菌），又经常想别居独处。23 岁时，她的父母强迫她嫁给了一位名叫刘幼彦的官员，并与他育有二子。她的父亲魏舒曾经三次丧妻，深爱的儿子也早于他去世。魏舒自己则幼失怙恃，寄养在一位舅父家里。大约在她兄长去世之时，魏华存（在 288 年十二月）看到了一个异象，空中忽有三位仙人下降，传授其神真之道。这些仙人递给她三十卷经书，并语以使用之法，随后便消失了。许多年后，一位仙使再次下降，赠予她两剂灵药，不久之后她就被带到了仙界。但三十年后（364），她出现在了杨羲（330—386）面前，杨羲此前已经从她的一个儿子那里习得了一些符咒，于是魏华存将后来被称为"上清派"的秘法传授给了他。参见《茅山志》卷十，《道藏》第 304 卷。[12]

第 10 页：李白唯一提及司马承祯的其他场合是在他写给胡紫阳的碑铭里，李白在此将司马承祯列为上清派祖师之一。司马承祯的弟子是李含光，李含光的弟子是胡紫阳。⑬

第 17 页：根据《旧唐书》（卷一百九十）所载，李白的父亲曾任任城尉（首席书记官）。但是李白只提到了他父亲对他童年的影响，似乎他在李白很年轻的时候就去世了。因此，很可能我们应该把"父亲"认为是"叔父"或与之类似的词。

第 18 页：吴筠的文学作品（见于《道藏》卷 1045）中包含有一篇关于炼丹术的小论文，其中使用了常见的技术术语。他说："看文不如口诀，口诀不如眼见，眼见不如手传。"⑭他的《玄纲论》是一本初级的道教手册，于 754 年献给玄宗。附在其后的一篇传记中说他早年曾举进士不第。⑮

第 21 页：有人说，杜甫那首包括描写苏晋（卒于 734 年）在内的名诗《饮中八仙歌》只是一首关于一群著名酒徒的诗作，而与 743—745 年间同在长安的朋友们无实际关系。此诗的风格与杜甫平常的诗风大不一样，我强烈怀疑其作于更晚的一个历史时期。

第 22 页：将此句翻译为 "A thousand things obstinately hard to prove." 或者 "The ten thousand things are hard to investigate" 可能更为精确。⑯

第 23 页：唐玄宗对杨贵妃的迷恋被认为是引起安禄山叛乱的原因，在后来关于她的传说中也涉及李白。关于贵妃入宫的时间，学界人言言殊，但一定是在 738 年到 745 年之间。从杨贵妃入宫到她获封贵妃（745 年八月）的这段时间里，她以道士的身份住在宫内的一个道观里。[17]唐玄宗可能在那里见过她,但她在朝廷的公开露面肯定是在745年秋天之后了,当时李白已经离开了长安。这组将妇人比作鲜花的名为《清平调》的宫廷诗(《李太白全集》卷五)无疑创作于长安,但不可能像后人猜想的那样,以鲜花代指贵妃。在《雪谗诗赠友人》一诗中,他明确声称曾警告过皇帝要提防杨贵妃,这首诗似乎是在他五十岁之后写的(即750年之后),但诗中使用了很多的典故以至于很难确定它的确切含义。[18]

第26页:《自广平乘醉走马六十里,至邯郸,登城楼,览古书怀》(《李太白全集》卷三十)一诗仅见于缪本,可能不是李白写的,因为写作时间与其行迹不符。[19]

第26页:关于安禄山的身份,沙畹在《西突厥史料》第313页讨论了"赭羯"(即波斯语中的chakar)一词。[20]但他不曾提及安禄山和他的追随者会经常使用这个词。陈寅恪在《唐代政治史述论稿》第21页中讨论了与安禄山有关的对"赭羯"一词的使用,但没有意识到它是对一个众所周知的伊朗语词汇的转译。关于这一词汇在中亚河中地区的应用[21],参见巴托尔德《蒙古入侵时期的突厥斯坦》一书第180页[22]。

第30页:"应驾小车骑白羊"这句诗只是用了一个文学典故,而并不是实际生活的写照。

第36页,第28行:第三首诗《戏赠杜甫》,只出现在一本8世纪的文学轶事集中,不太可能是真的。[23]

第37页:《河岳英灵集》虽然只是在序中说了本集所选涵盖了714—753年的诗作,但这几乎可以意味着它肯定是在753年编撰的。然而本书早在 745 年就有了一个版本，其序言载于 712 年成书的《文苑英华》。[24]

罗振玉在 1913 年出版的《鸣沙石室佚书》中翻录了一份敦煌卷子[25]（敦煌遗书编号 2567），其中包括一部诗集的残卷，该卷中收录了李白的 41 首诗。[26]这份卷子的背面有一张 913 年春天的账单，其内容可以追溯到 850—910 年。参见伯希和所编的《通报》杂志 1922 年版，第 237 页。[27]这个版本与当前版本的不同之处在于字句趋近于缪本。[28]

第 37 页：H. A. 吉布教授（在《阿拉伯人征服中亚细亚》一书中）正确地指出是安禄山叛乱而非怛罗斯之战的大败导致了唐朝从中亚地区的撤离[29]。但怛罗斯之战的大败所引起的不满情绪是导致叛乱爆发的原因之一。《新唐书》卷一五三关于段秀实（719—783）的生平中有一段未被利用过的怛罗斯之战的史料[30]。

第 44 页："天生之材"指的是下文提及的天然物质（即饮食）而不是人的才能。未能理解这一点导致了许多不必要的校注。

第 45 页：岑夫子很可能不是大诗人岑参（715—770），因为比他年长 14 岁的李白不太可能称他为"夫子"。关于岑参的年表，参见《闻一多全集》第三卷第 112 页[31]。

第 51 页：李邕和他父亲的故事很难让人认可，如果李邕在 70 岁左右去世而李善逝于 689 年，那么当时李邕才 11 岁左右。而《文选注》则于 658 年进献皇帝。

第 50 页：刘洎受审的故事至少有七个版本；它们存在无法调和的矛盾，没有一个是完全说得通的。参见赵绍祖（1752—1833）所著《新旧唐书互证》一书。

第 52 页：李白的作品中有一首《僧伽歌》(《李太白全集》卷七)，如果此诗是关于那位唯一以"僧伽"为名的著名僧侣，那么它就不可能真的是李白所作。因为僧伽（这是一位印度和尚，他的浴水和阿迦汗的一样珍贵）死于 710—712 年间，当时李白还是个孩子，而这首诗描述的显然是成年人之间的一次会面[32]。这首诗很可能是李邕写的，毕竟他还为僧伽写了墓志铭[33]。这是李白的主要作品中为数不多的几件真伪存疑的作品之一；另外，通常印刷在其集末附录中的那些取自后世轶事笔记和图志的作品，也不太可能是真实的。

第 54 页：《新唐书》卷五九将《唐朝炼大丹感应颂》归于李林甫名下。

第 58 页：大约在 753 年或 754 年，李白在南京给一个叫权昭夷的人写了一篇送别文章，其中提到他们曾一起辛勤努力地修习炼丹术[34]。

第 60 页第 8 行："卿"（"长官"之意）指的是他（译者注：即晁衡）担任的一个特定职位，即卫尉司的长官，负责管控所有进入长安的兵器；参见戴何都《唐代百官志》第 362 页。[35]

第 63 页第 8 行："有时"，我把"I"即"我"读成"huo"。

第 63 页：关于怀素的生卒年，参见汪中（1745—1794）《述学别录》[36]。他经常被误认为是生活在 634—707 年间的那位怀素（修习《大藏经》的佛门弟子）。[37]

第 63 页：任华的诗作见于《全唐诗》第四部分第八节[38]。其他参考文献：《唐诗纪事》卷二二第 1 页，《太平广记》卷二百一，《文苑英华》卷四七，《全唐文》卷三七六，《唐摭言》

卷一一，第 188 页（《丛书集成》本）。

第 63 页：李白这首诗的真实性一直受到怀疑，因为它赞美了怀素而贬损了过去那些李白一定非常尊敬的伟大书法家。我觉得这一论点没有说服力。这首诗称怀素为少年，并把他的主要活动地点设置在洞庭湖以南[39]。因此，它似乎作于 759 年李白游览此湖之时，当时怀素 22 岁。此诗难称佳作，但它并不比李白的其他许多小诗差，我从未质疑过它的真实性。

第 75 页：汉乐府《豫章行》第 8 句。"梯"字与《易经》第二十八卦所云"枯杨生华"的意思相类似（在这种场合下，"梯"字通常被写作"稊"）[40]。在这一句的末尾，我用了"纷纷"二字（就像雨水接连不断地飞散开来）。在第 11 句和第 12 句中，有些词的顺序似乎错乱了。

第 78 页：关于永王李璘的此次远征和最后的惨败，各种记载在细节上差别很大，似乎很难把所有的事件都在不到两个月的时间里描述妥当。有关他是在翻越大庾岭时被抓获的说法（《旧唐书》卷一〇七），又增加了求证的困难，因为大庾岭位于饶州以南 200 多英里处。

第 83 页第 16 行：这句"兄九江兮弟三峡"（《李太白全集》卷二四）不是"我的兄长在九江"的意思，而是"作为兄长的我在九江"的意思。18 世纪的评论家王琦误解了这句话，认为李白是三兄弟中的老二。

第 83 页：在写给九江官员们的诗中，李白说自己"朝别凌烟楼，暝投永华寺"[41]。乍一看，这些地名似乎能为李白的行踪提供有用的线索。不幸的是，虽然我们知道此楼由临川王（403—

444）所建，但我们不知道它在哪里㊷，而永华寺更是完全不为人所知。

第 84 页第 22 行：我不认为"南迁"指的是他的流放。他是在开玩笑地为自己在渡河这件事上的懒惰道歉。㊸

第 86 页：《留别贾舍人至二首》（《李太白全集》卷十五）中的第一首中，诗人谈到他在广东罗浮山附近度过了十年㊹。李白从未到过广东，所以这首诗一定是别人写的。第二首诗中说："君为长沙客，我独之夜郎。"这句话读起来就好像李白在长江的上游和下游都遇到了贾至一样。但正如第一首诗肯定不是李白所作的那样，第二首诗的作者也值得怀疑。

第 97 页：李白（在《李太白全集》卷一二中）称李阳冰为"从叔"㊺，意即他是李白祖父的兄弟的儿子，也就是我们所说的"远房表亲"。人们通常认为他们两人确实有亲属关系。李白自称为"陇西李氏"的一员（李阳冰也认可这一说法），而李阳冰则是"赵郡李氏"的一员（我们从《新唐书》卷七二中可以得知）。㊻这两个家族除了都被认为是传说中的道教始祖老子的后裔，没有任何共同之处。自 12 世纪祖先崇拜复兴直到现代，亲属称谓都是在严格意义上被使用的；但李白称李阳冰为"从叔"，似乎只是为了说明他比李白年长，且与李白同姓。李阳冰并没有称李白为"从侄"，仅仅提及他和李白都是李氏始祖老子的后裔。我们知道，李阳冰至少在 772 年依然在世，因为他所书的一篇题名落款是这一年（参见甘鹏云《崇雅堂碑录》，卷三，13 页左，1935 年版）㊼。

第 97 页：李白的临终之歌。根据李华（逝于 766 年左右）

所作李白墓志铭（《李太白全集》卷三一）所载，李白留下了一首《临终歌》，就是通常所说的临终之诗⑱。在李白的作品中有一首诗名为《临路歌》（《李太白全集》卷八），尽管题目不同，但这应该就是李华所说的《临终歌》：

> 大鹏飞兮振八裔，中天摧兮力不济。
> 馀风激兮万世，游扶桑兮挂石袂。
> 后人得之传此……

然而诗的结尾，诗人从大鹏变成了麒麟，这是一种只有孔子能够辨别的神兽。⑲在我看来，这种意象的突然变化似乎破坏了此诗的意脉；这当然使得它很难被有效地翻译。

第98页第30行：魏颢。有些诗以不同的版本流传至今；其他人有许多不同的解读。前一类情况的例证之一是一首对善酿之人的悼亡诗。其中一个版本的标题是《哭宣城善酿纪叟》，其文云：

> 纪叟黄泉里，还应酿老春。
> 夜台无晓日，沽酒与何人。

另一个版本的题目是《题戴老酒店》，其文云：

> 戴老黄泉下，还应让大春。
> 夜台无李白，沽酒与何人。

"老春"和"大春"都是酒名，而"黄泉"则是死者的居所。这里有一种可能性是李白在宣城的一家酒肆里看到并抄录了第一首诗，然后把他自己的新版本和修改版本献给了另一位酿酒师。

第98页：所谓"今天所知的李白作品……"云云，因我不是目录学家，也不试图描述李白作品的一系列版本问题。但对现代版本的读者来说，知道萧士赟等人所注"萧本"（《四部丛刊》影印了此书），以及1713年由缪曰芑在苏州发现并重印的以宋版为底本的"缪本"或许是有用的。

第98页：简要起见，我省略了关于乡试的内容，除了太学生之外，乡试是在京城考取进士之前的常规环节。正如我们所见，李白没有通过此前的乡试，所以也就错过了进京考取进士的机会。

第98页第17行：所谓"科举出身之诗人"，在我所列的名单上的还有王维、崔颢、王昌龄、李颀、储光羲、常建、高适、岑参（在欧洲一些著作中音"餐"）、张九龄、崔曙。

第100页第2行：《太平广记》称其为"李积"[50]，但他看起来像是《新唐书》对开本第15册第72页A面所记载的"李勣"。

注　释

① 李暠（351—417），字玄盛，小字长生，陇西成纪（今甘肃秦安）人，自称西汉将领李广十六世孙，十六国时期建立了西凉政权，建都敦煌，疆域包括今甘肃西部、内蒙古西南部及新疆部分地区。

② 此处有韦利自注曰："参见陈寅恪《唐代政治史述论稿》，1947年第二版，尤其是第8页的内容。"

③ 李白有《感时留别从兄徐王延年从弟延陵》一诗，徐王李延年乃唐高祖李渊第十子徐康王李元礼曾孙，淮南王李茂孙，李璀子，开元二十六年（738）封嗣徐王。

④ 见《资治通鉴》卷一八一："癸丑，置西海、河源、鄯善、且末等郡，谪天下罪人为戍卒以守之。"

⑤ 埃玛纽埃尔－爱德华·沙畹（1865—1918），简称沙畹（E. Chavannes），法国汉学家，是学术界公认的19世纪末20世纪初全世界最有成就的汉学大师和"欧洲汉学泰斗"，同时也是世界上最早整理研究敦煌与新疆文物的学者之一，被视为法国敦煌学研究的先驱。其代表作有《西突厥史料》《北中国考古旅行记》等。

⑥ 见李阳冰《草堂集序》一文："中叶非罪，谪居条支，易姓与名。""条支"，即塞琉古王朝（前312年—前64年），是亚历山大帝国分裂后其部将塞琉古一世创建的以叙利亚为中心，包括今伊朗和亚美尼亚在内（初期还包括印度的一部分）的王朝。

⑦ 布什尔是伊朗伊斯兰共和国布什尔省的省会和最大城市，位于波斯湾北岸一个小半岛上，是该国主要的港口城市之一。

⑧ 龙朔元年（661），唐高宗在诃达罗支国伏宝瑟颠城（即伽兹尼）设条支都督府，隶属于安西都护府，后因大食势力的东进而废除。意即在李阳冰写下《草堂集序》时，条支都督府已被裁撤。

⑨《旧唐书·高适传》："适年过五十，始留意诗什，数年之间，体格渐变，以气质自高，每吟一篇，已为好事者称诵。宋州刺史张九皋深奇之，荐举有道科。"

⑩ 《唐会要》卷二六"举人自代"条:"令京官五品已上,及诸州总管刺史,各举一人,其有志行可录,才用未申,亦许听自己具陈艺能,当加显擢,授以不次。"

⑪ 任华《寄李白》一诗有云:"登庐山,观瀑布,海风吹不断,江月照还空,余爱此两句。""海风吹不断,江月照还空"语出李白《望庐山瀑布水二首(其一)》。

⑫ 本段所述内容见于《太平广记·魏夫人传》及《茅山志》的相关记载,而细节略有出入。

⑬ 李白《唐汉东紫阳先生碑铭》有云:"陶隐居传升元子,升元子传体元,体元传贞一先生,贞一先生传天师李含光,李含光合契乎紫阳……""贞一先生"即司马承祯,盖因司马承祯羽化之后,追赠银青光禄大夫,谥称"正一先生",《全唐文》称"贞一先生"。

⑭ 见吴筠《金丹》一文。

⑮ 见吴筠《玄纲论》所附《吴尊师传》,其云:"吴筠,字贞节,鲁中儒士也。少通经,善属文,举进士不第。"

⑯ 这里韦利所说的是对李白《月下独酌(其三)》中"万事固难审"一句之英译的斟酌,韦利在正文中将该句译为"And a thousand things obstinately hard to prove"。

⑰ "获封贵妃",韦利原文为"instalment as Consort",即"就任(统治者的)配偶",韦利意为因玄宗此时无后,故杨贵妃成为实质上的后宫之主。

⑱ 李白《雪谗诗赠友人》有云:"彼妇人之猖狂,不如鹊之强强。彼妇人之淫昏,不如鹑之奔奔。坦荡君子,无悦簧言。……妲己灭纣,褒女惑周。天维荡覆,职此之由。汉祖吕氏,食其在傍。秦皇太后,毒亦淫荒。蝤蛑作昏,遂掩太阳。万乘尚尔,匹夫何伤。辞殚意穷,心切理直。如或妄谈,昊天是殛。……"

⑲ 康熙五十二年(1713)癸巳,吴门缪曰芑得昆山徐氏所藏临川晏处善本《李太白文集》三十卷,重加校正,五十六(1717)刻之。世称"缪本"。清末藏书家陆心源云:"缪本摹刻精工,几欲乱真。愚窃谓行款避讳及刊工姓名既一一摹刻宋本,即有误处亦宜仍之,别为考异注于下。缪本改

易既多讹误亦不少,且有不照宋本摹刊者。"此诗王琦收录于《李太白全集》卷三十"诗文拾遗"中。
⑳ "赭羯",韦利原文作"che-chieh",沙畹在书中认为"柘羯"或"赭羯"皆为波斯语 chakar 之同名异译。
㉑ 中亚河中地区,指中亚锡尔河和阿姆河流域以及泽拉夫尚河流域,包括今乌兹别克斯坦全境和哈萨克斯坦西南部。中国古代称之"河中",近代称之为"河中地区",现代称之为"中亚河中地区"。河中为古代欧亚陆路主商道丝绸之路重要信道;自波斯帝国(前559—前336年)时期开始,该地区先后被希腊、突厥、阿拉伯帝国、萨曼王朝、喀喇汗王朝、西辽、察合台汗国、帖木儿帝国等统治。
㉒ 巴托尔德(Bartold,1869—1930),苏联东方学家。
㉓ 韦利在正文中说李白只给杜甫写过两首诗,一首是《鲁郡东石门送杜二甫》,一首是《沙丘城下寄杜甫》,至于世人经常提及的李白写给杜甫的第三首诗《戏赠杜甫》,因为不见于李白的文集而出自唐《本事诗》,所以被韦利认为是伪作。
㉔ 本句原文似有讹误,韦利原文为:"There had been an earlier version in 745, the preface to which is given in Wen Yuan Ying Hua, 712."《河岳英灵集》的初稿确实成于745年(即天宝四载),并于753年(即天宝十二载)两次修改后定稿;《文苑英华》确实也录有《河岳英灵集》序,但该书成书于宋代,而非712年。
㉕ 此处有韦利原注:"马伯乐给其的编号是1520,藏于亚洲学会图书馆,位于里尔路4号。"
㉖ 罗振玉所著《鸣沙石室佚书》收录有《唐人选唐诗》敦煌残卷。
㉗ 保罗·伯希和(Paul Pelliot,1878—1945),世界著名的法国汉学家、探险家。曾从师法国汉学家沙畹等人学习,致力于中国学研究。1908年前往中国敦煌石窟探险,是欧美公认的中国学领袖。
㉘ 此处有韦利自注曰:"为了方便完整核对,我给出以下参考:(1)XXIV.1;(2)及(3)未知;(4)XVII.12 (5)XIX.8;(6)XXII.8;(7)VI.5;(8)XXIII.2;(9)III.12;(10)VI.8;(11)III.11;(12)XIII.4;(13)IV.14;

（14）；VII.12；（15）XVII.5；（16）VII. 9；（17）XXL.11；（18-20）V. 13；（21）XIX.2；（22）XVII.6；（23）XV.16；（24）III.11；（25）III.19；（26）IV.11；（27）III.20；（28）IV. 3；（29-30）IV.23；（32-33）III.14（34-35）III.22；（36）III.3 ；（37）V. 22；（38）VI. 2；（39）VI. 7；（40）IV.22；（41）V.7；（42）III.13；（43）IX.11；Nos. 2 and 3（'束身就一剑'和'岑翠映湖月，泉声乱溪风'）不在李白现存的文集中，可能是陶翰的作品。"译者按，以上数字编号应为韦利所见相关敦煌文献编号。

㉙ H. A. 吉布（1895—?），英国东方史学家，毕业于伦敦东方研究学院，为牛津大学劳德纪念讲座阿拉伯语教授，1923 年出版《阿拉伯人征服中亚细亚》一书。

㉚ 段秀实（719—783），字成公，原居姑臧（今甘肃武威），后徙陇州汧阳（今陕西千阳），唐朝中期名将。《新唐书》卷一五三有云："仙芝讨大食，围怛逻斯城。会房救至，仙芝兵却，士相失。秀实夜闻副将李嗣业声，识之，因责曰：'惮敌而奔，非勇也；免己陷众，非仁也。'嗣业惭，乃与秀实收散卒，复成军，还安西，请秀实为判官。"

㉛ 闻一多有《岑嘉州系年考证》一文，1933 年 6 月发表于《清华学报》第八卷第二期，后收入《闻一多全集》。

㉜ 僧伽，又称"泗州大圣""大圣菩萨"，生年不详，圆寂于唐中宗景龙四年（710），葬于泗州普光王寺下。唐高宗时，曾到长安、洛阳游历，为人治病，名声大噪。南游江淮时，医病治水，为百姓称道。唐中宗尊为国师。宋太宗加封僧伽大师"大圣"谥号，后世尊他为"大圣菩萨"，又称"泗州大圣"。

㉝ 此处所指应是李邕所作《泗州临淮县普光王寺碑》。

㉞ 见李白《金陵送权十一序》（又名《金陵与诸贤送权十一昭夷序》），序中有云："而尝彩娖女于江华，收河车于清溪，与天水权昭夷，服勤炉火之业久矣。"

㉟ 戴何都（Robert des Rotours，1891—1980），法国汉学家，曾在中国生活、工作多年，主要致力于唐史研究，著有《新唐书选举志译注》《唐代百官志》等书。

㊱ 汪中《述学别录》"怀素草书千字文跋尾"条有云："怀素自题云，贞元十五年年六十三，当以开元二十五年生，至贞元中已为尊宿。《郎官石书记》在二十九年，则人书俱老，《自叙帖》所谓恨不与张颠长史同时是也。"开元二十五年，即737年。《郎官石书记》即《郎官石柱记》，此乃张旭作于开元二十九年（741）的一幅楷书作品。

㊲ 此怀素（634—707）乃唐代律僧。京兆（今陕西西安）人，俗姓范。自幼聪敏，器度宽大。十二岁礼玄奘出家，专承经论。

㊳ 任华的诗作现存于《全唐诗》卷二六一。

㊴ 李白《草书歌行》一诗中有"少年上人号怀素""湖南七郡凡几家"等句。

㊵ 韦利的意思是在表示与"枯杨生华"之意相类时，"梯"字通常被写作"稊"。李白《雉朝飞》中："枯杨枯杨尔生稊，我独七十而孤栖"即此意。

㊶ 见李白《流夜郎永华寺寄浔阳群官》。

㊷ 南朝宋鲍照《凌烟楼铭》序："伏见所制凌烟楼，栖置崇迥，延眺平寂，即秀神皋，因基地势，东临吴甸，西眺楚关。"《鲍参军集注》钱振伦按："《宋书·临川王道规传》：'义庆元嘉十六年，改授散骑常侍，都督江州之西阳晋熙新蔡之郡诸军事、卫将军江州刺史。'又《州郡志》：'江州刺史治寻阳。'以序中东吴、西楚计之，此楼当为临川王所建。"

㊸ 指李白《醉题王汉阳厅》所云："我似鹧鸪鸟，南迁懒北飞。"

㊹ 见李白《留别贾舍人至二首（其一）》："裴回苍梧野，十见罗浮秋。"

㊺ 李白有《献从叔当涂宰阳冰》一诗。

㊻ 见《新唐书》卷七二上《宰相世系表》"赵郡李氏"条。

㊼ 甘鹏云《崇雅堂碑录》卷三云："般若台题名，李阳冰篆书，大历七年，福建闽县。"大历七年即772年。此题名为摩崖石刻，全文24个篆字："般若台大唐大历七年著作郎兼监察御史李贡造李阳冰书"。

㊽ 李华《故翰林学士李君墓志》有云："年六十有二，不偶，赋《临终歌》而卒。"

㊾ 《临路歌》最后一句说："仲尼亡兮谁为出涕。"《李太白全集》（王琦注）曰："诗意谓西狩获麟，孔子见之而出涕。今大鹏摧于中天，时无孔子，遂无有人为出涕者，喻己之不遇于时，而无人为之隐惜。太白尝作《大

鹏赋》，实以自喻，故此歌复借大鹏以寓言耶？"
㊿ 此处应是版本差异造成的讹字，《太平广记》中有关"李稹"的记载出自《国史补》，但其他版本的《国史补》中又作"李稹"。另外，《新唐书》中查无此人，但《旧唐书》中却有"李稹"此人，然不知与《国史补》中是否为一人。

参考书目

下列参考文献卷数和页码信息，所据均为《四部备要》版《李太白全集》。(编者注：韦利所列其他七部参考文献及缩写如下所示。)

THY =《唐会要》
CTS =《旧唐书》
HTS =《新唐书》
TPKC =《太平广记》
Canon =《道藏》(编号依据哈佛大学燕京学社所编索引)
CTW =《全唐文》
CTP =《全唐诗》

译后记

阿瑟·韦利，(Arthur Waley，1889—1966)，是20世纪上半叶英国杰出的汉学家和翻译家。韦利出生于一个经济条件优渥且文化氛围浓厚的英国犹太人家庭，自小便热爱语言和文学，尤其对东方文化产生了浓厚兴趣。与此同时，韦利还接受了良好的学校教育，他于1903年进入英国著名的拉格比学校读书，奠定了深厚的古典文学基础，随后又进入剑桥大学国王学院学习英国古典文学。大学毕业之后，韦利进入大英博物馆东方图片及绘画部工作，并开始自学中文和日文，这成为他漫长学术生涯的开端。自此，韦利开始研究和翻译东方文学。他虽一生未曾到访中国，却发表了大量关于中国的译著、论文、选集及书评，包括中国古典诗歌的译著《中国古诗选一百七十首》《英译中国诗》等。1929年，韦利以个人身体健康为由从大英博物馆辞职，之后更加专注于中国古典文学的翻译，先后翻译出版了《道德经》《诗经》《论语》《西游记》《九歌》等经典作品，并对李白、白居易、袁枚等中国古代重要文人进行了研究和介绍。

韦利是英语世界中较早对李白进行译介和研究的学者，他对李白其诗的翻译以及李白其人的研究从1916年延续到1950年。1916年，韦利自费少量出版了其首部中国诗歌译著《中国诗选》，书中收录了他对李白《乌栖曲》《越中览古》《春思》三作的翻译。1918 年，韦利发表了《诗人李白》一文，根据两《唐书》等史料对李白的生平进行简要介绍，并对李白诗集的编纂和传藏情况做了简单梳理，书中还收录有韦利所译李诗 24 首；同年，韦利出版《汉诗续编》，收录李白诗歌 8 首。1950 年，韦利出版《李白的诗歌与生平》一书，此书可以视为韦利李白研究的集大成之作，不仅在英国多次再版，而且在日本也引起了重大反响。

此书延续了韦利一贯的"为普通民众写作"的文体和文风，行文通俗，落笔生动，对于全世界各地希望了解李白诗歌与生平的读者来说都堪称佳作。韦利以他深厚的学识积累和宽广的学术视野，在书中旁征博引，纵横东西，所引资料中除两《唐书》《隋书》《茅山志》《庄子》等极有参考价值的各类古籍原典之外，尚有中国知名学者，如王国维、陈寅恪、罗振玉等人的观点，又有欧美重要汉学家，如马伯乐、沙畹、小畑薰良等人的论述，甚至还有日本作家石川雅望等人创作的小说情节。通观其运用文献之得心应手，便颇可使读者感受到其学养之全面与治学之严谨。特别值得一提的是，身处 20 世纪初期的英国，韦利却自觉摒弃了当时某些西方汉学家在谈论中国时所惯持的傲慢态度与猎奇视角，而是能够对"中国""唐朝""李白"等研究对象平心而论，这在当时的历史背景下极为可贵，也是此书影响力长盛不衰的重要因素。

韦利原书并无章节，现有章节及标题为译者所设，目的在于方便读者阅读，如有不当，敬请见谅。书中所涉李诗文本，均以中华书局 2015 年 8 月版《李太白全集》为依据。书中注释除标明作者自注条目外，均为译者注。原书附有人名、地名、书名等索引及引文页码，在译作中一并作省略处理。

  本书在翻译过程中，得到了陕西师范大学文学院郭雪妮教授和陕西省社会科学院宗教研究所魏淑贤博士的热情帮助，在此谨致谢忱。同时还要感谢执行主编陈斐先生的信任和编辑吴文娟女士的辛勤劳动。译者初事学术翻译，既苦于才疏识浅，又因于笔枯词乏，本书的疏漏、欠妥甚至错误之处在所难免，亦恳请各位读者宽宥并不吝赐教。

曹祎黎

2024 年 8 月